Mein Leben pur

Da nicht nur Hartmut Beck von der SPD Rheinland-Württemberg seine Memoiren noch einmal verändert hat, habe auch ich mich entschlossen, meinen Lebenslauf noch einmal zu überdenken. Ich habe 1992 bereits handgeschriebene Erinnerungen vorgelegt, die aber aufgrund meines damaligen Zeitmangels und meiner Beschränktheiten zum größten Teil auf erfundenen Lügenmärchen basierten. Jetzt ist es an der Zeit aufzuräumen.

Helge Schneider bei Kiepenheuer & Witsch

»Guten Tach. Auf Wiedersehen. Mein Leben, Teil I«, KiWi 279, 1992. Unter weiblichem Pseudonym »Eiersalat. Eine Frau geht seinen Weg«, KiWi 534, 1999. »Aprikose, Banane, Erdbeer«, KiWi 818, 2004. Die Kriminalromane von Helge Schneider erschienen 2004 als Viererbande unter dem Titel »Arschfahl klebte der Mond am Fenster … Die Kommissar Schneider Romane 1–4«, Kiwi 848. »Globus Dei. Vom Nordpol bis Patagonien. Ein Expeditionsroman«, KiWi 865, 2005. »Die Memoiren des Rodriguez Faszanatas«, KiWi 968, 2006. Zuletzt erschien: »Eine Liebe im Sechsachteltakt. Der große abgeschlossene Schicksalsroman von Robert Fork«, KiWi 1030, 2008.

Helge Schneider

Bonbon aus Wurst

Mein Leben

Kiepenheuer & Witsch

2. Auflage 2009

Umschlaggestaltung: Barbara Thoben, Köln,
unter Verwendung einer Zeichnung von Helge Schneider
Fotos Umschlagrückseite und Innenteil: Privatbesitz des Autors
Gesetzt aus der Stempel Garamond und der Helvetica condensed
Satz: Fotosatz Amann, Aichstetten
Druck und Bindung: CPI – Clausen & Bosse, Leck
ISBN 978-3-462-04103-3

Guten Tag und willkommen in meiner einfachen Welt!

Ich bekam gerade noch einen Big Mac durch die Plexiglasöffnung geschoben, bevor der Scheißladen zumachte. Es war fünf Uhr morgens. Mein 220er Mercedes schob sich schwerfällig durch den Berufsverkehr. Ich war wohl nicht der Einzige, der nicht geschlafen hatte, denn einige bewegten sich auffällig müde durch die Gegend. Ein Typ stand an der Ampel, er hatte Grün, doch er bemerkte es zu spät. Als er endlich losschlurfen wollte, spritzte ich ihm mit meinen Diagonalreifen den halben Inhalt der Regenwasserpfütze an den hellen Popelinmantel. Er fluchte, ich sah es im Rückspiegel.

Ich kam von der Arbeit. Hamburg, da hatte ich ein paar Tage in einem der schäbigen, aber gut frequentierten Varietés gastiert. Meist kamen irgendwelche Angeber, mit ihren Tussis, aufgetakelt und am Samstag nicht auszuhalten. Wär ich lieber Raumausstatter geblieben. Ich hielt an diesen Tagen manchmal stundenlange Monologe im Hotelzimmer vor dem Spiegel, damit ich mal einen normalen Menschen vor mir hatte. Ich hatte mich am Vortag rasiert, sodass die Stoppeln noch sehr kurz waren. Der Wagen fraß Unmengen Benzin. Doch musste er herhalten, für das Image. Ein Star muss irgendeinen blöden Wagen fahren oder einen Spleen haben, der nicht alltäglich ist, zum Beispiel teures Werkzeug sammeln wie ich. Die Türen waren bereits vom Rost zerfressen, und ich hatte die unteren Hälften mit

Klebeband und weißer Farbe für den TÜV zurechtgefriemelt.

Ich habe nichts gegen Leute. Normalerweise bin ich immer freundlich. Aber heute dachte ich nach. Ich sah im Vorbeifliegen so viele Veränderungen in der Welt, wie konnte das alles in so kurzer Zeit geschehen? Auf dem Weg von Hamburg ins Ruhrgebiet konnte ich die Autobahn kaum wiedererkennen, obwohl ich erst vier Tage vorher da hergekommen war. Die Baustellen waren allesamt neu. Mir schoss der Gedanke durch den Kopf, dass auch ich mit meinen Steuern für diese Veränderung zur Rechenschaft zu ziehen wäre. Am Ende. Man weiß ja nie, wie die politischen Verhältnisse sich überholen. Und dann kommen sie und wollen alles wieder abreißen.

Ich hatte einen Moment nicht aufgepasst. Ich gab Gas. Damit der Typ, der mir von rechts fast an die Karre geknallt wäre, in letzter Sekunde ausweichen kann. Nichts passiert. Ich kramte währenddessen im Kassettenfach herum. Verdammt, irgendwo muss doch die scheiß Tonkassette von Mötley Crüe sein! Ich warf wütend die ganzen Kassetten durch den Wagen, endlich hatte ich sie. Mit einem Grinsen schmiss ich die Kassette in den Schlitz. Whammmm! Jaaa, genau!!! Meine Augen funkelten. Ich hörte zu. Was für eine Musik! Der Tacho zeigte so um die achtzig an.

An der Gemeinschaftsgrundschule trat ich jäh auf die Bremse. Beinahe! Ich schmiss die Kippe aus dem halb geöffneten Fenster. »'tschuldigung!«, rief ich dem Kind mit dem Riesentornister hinterher. Die sind so klein, die kann man nicht sehen. Deshalb soll man langsamer fahren. So um die dreißig km/h. Aber auch bei zehn Stundenkilometern kann man schon tödlich verunglücken.

In einem meiner Sportwagen, schlecht gelaunt

Ich musste plötzlich daran denken, wie ich mit dem Schlitten als Sechsjähriger auf dem Bauch liegend mit dem Kopf vor eine Buche gewummst bin. Das tat weh. Das waren bestimmt dreißig Stundenkilometer. Vielleicht. Vielleicht sogar mehr! Oder aber doch lieber weniger? Ich weiß es nicht mehr so genau. Mein Leben hätte ganz anders verlaufen können. Müssen! Doch meine unglaubliche Ungeduld hat mich schließendlich in meine heutige Situation katapultiert. Auch gut. Ich aß den Rest aus der Big-Mac-Schachtel auf. Hm, lecker. Gleich war ich zu Hause, da musste ich wieder so tun, als würde ich ausschließlich Biozeugs essen, und nachher Kuchen bei einem Naturkostkonditor kaufen für die Familie. Na ja, sind ja fast mehr Hunde als Leute. Als ich die Haustür aufschloss, biss mich der eine Hund, wir haben zwei. Er hatte mich nicht sofort erkannt. Ich tröstete ihn mit der Fleischwurst, die ich ihm aus dem Kühlschrank holte. Er aß sie mit einem einzigen Biss. Der andere Hund leckte mir die Knie. Als ich aus der Dusche stieg und mich abtrocknen wollte, erledigten das auch die Hunde. Meine Frau schlief noch, es roch nach Bier und Zigaretten. Ich zündete mir, bevor ich mich hinlegte, noch eine letzte Zigarette vor dem Schlafengehen an.

Einer unserer Hunde

Es war kalt, ich schloss das Fenster im Schlafzimmer und legte mich rauchend zu Talula *(Name geändert)*. Sie öffnete kurz die Augen. »Tach Schatz, du musst Getränke holen und Butter.« Ihre Stimme klang, als wenn ich meine Kreissäge anwerfe. Manchmal bastel ich

Leider habe ich nur ein einziges Foto von Talula.

nämlich. Die gesamte Wohnungseinrichtung habe ich selbst gezimmert. Außer ein paar alten Möbelstücken, zum Beispiel einer Couch, die habe ich vor dreißig Jahren auf der Straße gefunden, jetzt schläft der eine Hund drauf. Mit Zigarette im Mund schlafe ich fast ein, kann sie aber noch in dem Joghurtbecher ausmachen, damit die Bude nicht wieder abfackelt. Ist nämlich schon mal passiert. Aber das war ich nicht selbst, sondern meine Tochter. Sie lebt jetzt in Amerika. Ich hab noch andere Töchter. Eine ist Nichtraucherin. Aber nur, weil die noch so klein ist. Komisch, ich hatte über zehn Jahre nicht geraucht. Und jetzt, wo man so schief angeguckt wird, wenn man mit Zigarette im Mund rumläuft, fällt es mir wieder ein. Das Rauchen. Ist irgendwie gut. Man ist jetzt so eine Art Outlaw. Wie Helmut Schmidt und seine Frau.

Ich erinnere mich, dass ich, als ich sechs Jahre alt war, mit dem Schlitten den Abhang herunterfuhr, die Kurve vor der alten Trauerweide nicht bekam und mit dem Kopf an der zerklüfteten Rinde des Baumes aufschlug. Blut klebte in meinen Haaren, und die Rinde war auch etwas rot. Der Schmerz trat nicht sofort ein, erst nach einer Weile. Ich hörte die anderen Jungs wie durch eine dicke nebelige Pappwand. Sie riefen meinen Namen. Ich antwortete nicht. Ich lag nur da, immer noch auf dem

Schlitten. Ich war auf dem Bauch den Berg heruntergefahren. Es war eisig, und die Piste war spiegelglatt. In jeder Stadt, in jedem Stadtteil gab es diese sogenannten Todesbahnen. Diese hier war besonders gefährlich. Die Jungs beratschlagten, was sie mit mir anfangen sollten, ich lag außerdem im Weg. Sie zerrten an meinem Schlitten und zogen mich von dem Baum weg. Als einer sah, dass ich blutete, wollten sie meine Mutter holen gehen.

Ich bekam das mit und sprang auf, nein, das wollte ich auf keinen Fall. Außerdem war meine Mutter ja arbeiten. Also fuhr ich noch den ganzen Nachmittag Schlitten. Am schnellsten war man, wenn man sich mit anderen zusammenband, das heißt, die Schlitten wurden mit den Leinen aneinandergebunden. So entstand eine lange Reihe von manchmal acht Schlitten. Der Vordermann hatte den ganzen Tross zu lenken. Die Beine mussten hoch sein, alle lagen auf dem Bauch. Mit Karacho ging's so den Berg hinunter. Das war schon ziemlich gefährlich. Abends, als ich nach Hause kam, bemerkten sie meine Kopfverletzung. Ich bekam eine Tracht Prügel. Nachts, als alle schliefen, kroch ich heimlich aus dem Bett und klaute meinem Vater aus dem Wohnzimmerschrank eine Zigarre. Ich rauchte sie am leicht geöffneten Küchenfenster. Streichhölzer hatte ich aus dem Badezimmer, ich hatte auch schon oft den Badeofen angemacht, deshalb kannte ich mich schon als kleiner Knirps mit Feuer und so aus. Ich klaute, um die Tracht Prügel zu rechtfertigen. Sozusagen als Belohnung.

Die Zigarre schmeckte mir gar nicht. Auch heute sehe ich Parallelen zu jenen Tagen, ich kaufe zum Beispiel am laufenden Band Autos, obwohl sie mir von Anfang an nicht gefallen und ich gar nicht weiß, wohin damit. Auf diese Weise gehörten mir fast alle Automarken, angefangen von Aston Martin über Ferrari und

Maserati bis hin zu Honda oder Toyota, ganz zu schweigen von Mercedes, Opel oder Ford. Aber ganz bescheuert ist das herausragende Faible für die Marke Peugeot, mir gehörten tatsächlich schon alle bisher gebauten Typen, angefangen mit einem 1927er Lieferwagen bis zum modernsten Exemplar. Aber ich kann nur ein einziges Auto dieser Marke wirklich lieben, und zwar mein erstes Auto, den 404. Der ist aber schon Schrott. Ich habe diesen Wagen sogar schon drei Mal gekauft, immer wieder denselben. Ich habe die Besitzer ausfindig gemacht und ihn zurückgekauft. Genau wie mein erstes Motorrad, eine 250er BMW mit Seitenwagen. Die habe ich noch. Ich bezahle dafür ca. 25 Euro Versicherung im Jahr.

Mein neuer Peugeot

Da fällt mir wieder der Badeofen ein. Ich habe damals meine Zahnspange da reingeworfen, weil ich sie nachts nicht tragen wollte. Ich hatte den Zahnarzt bekniet, dass er mir erlaubt, sie tagsüber nicht anziehen zu müssen, wegen der Schule, ich hatte ihm gesagt, die anderen Schüler würden sich lustig machen über mich. Und da hat er sie nur für nachts angeordnet und dieses meinen Eltern vermittelt. Doch hatten sie die Überreste dann in dem Badeofen gefunden. Die Drähte waren nicht verbrannt, sie schillerten grünlich. War glaube ich Kupfer. Apropos Kupfer: Wer würde von so einem Typen wie mir denken, dass ich nachts auf Baustellen Kabel und so klaue, den Kupfer von dem Plastik trenne und das ganze Metallzeugs auf dem Schrott verkaufe? Niemand. Aber alle denken immer nur: Der Schneider, der hat ja Geld genug. Aber das Gegenteil ist der Fall. Ich habe immer zu wenig. Finde ich. Das ganze Geld, was in den Konzerten reinkommt, geht fast ungefiltert zum Finanzamt. Der Rest geht für Essen drauf und für Instrumente, Klamotten, Kinderspielzeug, Autos, was weiß ich. Wann kann ich meiner Frau mal einen schönen Slip kaufen, vielleicht auch mal eine Blume? So gut wie nie.

Doch manchmal bringe ich von der Autobahn was mit. Dann freut sie sich. Sie ist sowieso eine bemerkenswerte Frau. Ich bemerke sie schon an ihrem Husten, es hallt durch das ganze Haus. Auch der ewige Qualm. Als Raucher jedoch muss man das tolerieren. Wenn ich ehrlich bin, ich rauche zwar selber sehr sehr gerne, aber den Rauch kann ich nicht ab. Vor allem von andern Rauchern. Es geht so weit, dass ich meiner Band allesamt das Rauchen verbiete, aber selber heimlich auf dem Klo rauche. Aber man muss ja Vorbild sein. Vor allem, wenn man Kinder hat. Man hat mich als Junge schon zum Rauchen verführt. Da war ich zwölf oder dreizehn. Ein Größerer war das, der Stratmann von der anderen Straße. Der war drei Jahre älter. Ich wollte das auch können. Nicht nur so wie mit der Zigarre, als ich sechs war. Nein,

In manchen Ländern ist es ganz normal, eine Waffe zu tragen, sogar in der Kirche. Hier verschaffe ich mir Zugang zu den Kollektebeuteln.

Ich
trinke im Urlaub
ausschließlich
aus dem Pappkanister.

so richtig Raucher sein, mit allem Drum und Dran, auch Weiber und so. Tanzen gehen, inne Disco. Mal eine aufreißen. So hatte man mir das auf jeden Fall erzählt. Das wäre was. Und Bier trinken. Ich bestellte mir bei Wicküler einen halben Liter Bier und trank ihn auf ex. Ja, so ging das. Ich war erst dreizehn, sagte aber dem Wirt, dass ich schon älter bin. Der war ein dufter Typ, der kannte meinen Vater gut, das wusste ich nicht. Und trotzdem ließ er mich das Bier trinken. Er meinte es gut. Er dachte, davon würde mir schlecht und ich würde nie mehr ein Bier trinken wollen.

Ein paar Jahre später, als ich in derselben Kneipe Jägermeister trinken wollte, nahm er mich zur Seite und hielt mir einen Vortrag über Alkoholismus. Ich sah ein, dass das nicht gut ist. Aber noch nicht sofort. Erst ein Penner auf dem Bahnhof musste mich überzeugen, dass Alkohol scheiße ist. Ich stand mit einer Flasche Wermut auf dem Bahnsteig, da kam er an, unrasiert und mit ein paar Tüten in den Händen, es war kalt, und er fror. Er schaute mich an und sprach mit mir. Ich solle nicht stolz darauf sein, jetzt unbedingt diese Flasche Wermut in der Öffentlichkeit trinken zu wollen, ich solle aufpassen, wie schnell würde man süchtig nach diesem Zeug, er weiß, wovon er spricht. Dann ging er weiter. Mein Zug kam, und ich schmiss die Flasche in den Papierkorb aus Stahl. Ich werde das trockene Klirren der Flasche nie vergessen. Für mich die Rettung. Ich bin diesem Typen bis heute dankbar. So ist das Leben. Es gibt Situationen, die prägen einen in Sekunden.

Wenn ich darüber nachdenke, was mich am meisten motiviert hat, Musik zu machen, fallen mir einige wenige Konzerte ein, bei denen ich das Glück hatte, dabei sein zu dürfen. Da sind erst einmal die paar Konzerte der Superlative, wie zum Beispiel die Sänger, die ich gesehen habe, live, Sammy Davis junior, Frank Sinatra, Tony Bennett und, nicht ganz live, aber im Fernsehen in einer Live-Übertragung, Elvis. Aber noch mehr Thrill gaben mir die Konzerte, wo ich näher dran war, zum Beispiel habe ich, und das verdanke ich vielleicht meiner Intuition, den Pianisten Teddy Wilson live in der Stadthalle meiner Heimatstadt gesehen, oder den Geiger Joe Venuti. Jazzlegenden. Dexter Gordon war ein Erlebnis, genauso wie Dizzy Gillespie oder Freddie Hubbard. Und bei Sonny Rollins war ich schon dreimal. Als ich Sammy Davis gesehen habe, 1976, saß am Schlagzeug Buddy Rich. Und am Bass war Al McKibbon. Sammy Davis sang »Girl from Ipanema«, nur von Bass und Schlagzeug begleitet. Wenn ich heute daran denke, weiß ich, dass so etwas nie mehr vorkommt. Es ist Vergangenheit in der Musikgeschichte, die mit der Schnelllebigkeit

unserer Zeit nicht konkurrieren kann. Von Beethoven wird man immer sprechen, von Buddy Rich nicht. Den Jazzschlagzeuger kann man nicht fassen, man kann ihn nicht konservieren. Er spielt, solange er lebt. Ich höre kaum Schallplatten, ich habe erfahren, wenn man mal jemanden live gesehen hat, reicht das fürs ganze Leben. Ich muss davon keine Reproduktion haben. Aber ich denke oft daran.

Die Ente springt mal wieder sofort an. Irgendetwas muss verkehrt sein. Bei jedem Wetter. Ich habe heute versucht, eine grüne Plakette für den Wagen zu bekommen. Geht nicht. Obwohl die Ente ja nur ein paar Liter Benzin verbraucht. Mein Chevrolet-Van hat die grüne Plakette, er verbraucht circa zwanzig Liter auf hundert Kilometer, wahrscheinlich aber weitaus mehr, so in der Stadt. Ich fahre trotzdem mit der Ente, weil sie sehr bequem ist. Und es ist mir sogar schon von einem, dem ich wohl zu langsam war, angedroht worden, mich kaltzumachen. Das macht mir immer Spaß. Ich klebe mir manchmal, nur zum Vergnügen, ein Schild hintendrauf mit der Aufschrift »6 Kilometer«. Der Mercedes ist nur für besondere Anlässe. Er gehört sowieso meiner Frau. Dementsprechend sieht er auch aus.

Total verbeult. Es ist eine Muss-Ehe. Sie wusste nicht, wen sie sonst nehmen sollte. Ich kannte sie gerade zwei Tage. Widerwillig schlug ich ein. Wegen der Mitgift. Ihr Vater ist Graf. Pornograf. Nein, Spaß beiseite, mein Privatleben geht keinen was an. Deshalb schreibe ich dieses Buch. Ich habe eben Dschungelcamp gesehen. Da hat einer Krokodilfüße gegessen. Und Augen. Was soll denn das? Ich sehe mich schon in ein paar Jahren auch in einem dieser Camps, wie ich lebendige Quallen schlürfe und wie der Kameramann mir beim Kacken mit der

Talula, als sie noch ein Mann war,
und ich

Kamera zwischen den Beinen rumfummelt, um vollgeschissen zu werden. Vielleicht habe ich dann keine Wahl. Ich denke, besser ist, wenn kurz vorher ein Komet in die Erde einschlägt, mindestens dreißig Kilometer Durchmesser.

In Paris ist schlechtes Wetter. Ich gehe über die Champs. Die Silhouette des Arc de Triomphe steht fast drohend rechter Hand gen Himmel. Ich biege zum Montmartre ab. Schlurfe die letzten Stufen zum Büro unserer Auslandsagentur hoch. Der Franzose, der mich für Konzerte bis runter zur Côte d'Azur bucht, macht wohl ein Nickerchen. Ich schlage an den Türring. Oder er steht auf dem Klo. Ich hasse die Toiletten in Frankreich, seitdem ich mir einmal auf die heruntergelassene Hose geschissen hab in dieser blödsinnigen Haltung. Eine weiße Lee-Jeans. Nach einer Weile öffnet Alain.

»Bonjour, Monsieur Schneider, ça va?« Ich antworte in Deutsch, weil ich des Französischen zwar mächtig bin, aber keine Lust habe. Es muss reichen, wenn ich meine ganzen Songs und die Ansagen auf Französisch runterspulen kann. Nach einer Viertelstunde verlasse ich das Büro. Fotos für Plakate sind ausgesucht, und man hat mir ein paar lukrative Gigs in Marseille, Bordeaux und Avignon angeboten. Zusammen mit Johnny Hallyday, einem wahnsinnig berühmten Rock-and-Roll-Heroen. Und natürlich Paris, Place Pigalle. Drei Tage. Schon ausverkauft. Mal sehen, vielleicht geh ich da gar nicht hin. Man muss immer mal wieder für Irritationen sorgen, sonst spricht die Welt nicht genug über einen, dann kann man seinen Beruf an den Nagel hängen, dann kommt nämlich keiner mehr.

In den Zentralhallen esse ich zu Mittag. Zufällig treffe ich Robert De Niro, wir sind gute Freunde. Ich frage ihn nach Al, wie es ihm so geht, ich hatte gehört, dass er auf dem linken Ohr fast taub ist. Diese Rollen, wo man immer schießen muss, würde ich ablehnen. Aber in Amerika ist das in. Nach einer Weile sind wir beide von dem guten französischen Bier betrunken. Da Robbie dann immer ein bisschen schwierig wird, verabschiede ich mich, sage, dass ich dringend nach Deutschland müsse. Er ist sauer, weil wir uns so wenig sehen. Dann kommt er auf die Idee mitzufahren. Aber zum Glück taucht plötzlich seine Schauspielkollegin Nastassja Kinski auf, ich lade sie zu einem Getränk ein, aber sie lehnt ab. Sie holt eine Thermoskanne aus ihrer MCM-Tasche und macht sich den dazugehörigen Becher voll mit Bekunis-Tee. Ich lasse die beiden allein. Es wird dunkel, und Paris ist echt anstrengend. Als ich am »Number one« vorbeikomme, treffe ich noch Elton John mit George Michael. Sie stehen draußen und rauchen. Fragen mich nach Feuer, dann erkennt mich George. Es war noch ein toller Abend, wir haben bis spät in die Nacht gejammt.

Mit Johnny Hallyday in Algerien (er ist stark gealtert)

»Wo ist meine Trompete, Talula!?« Ich suche sie im ganzen Haus. Vom Keller bis in den Dachboden habe ich alles abgesucht. Talula guckt irgendwie so merkwürdig. Sie senkt ihren Blick, schaut zu Boden, als ich sie nach der Trompete frage. »Los, raus mit der Sprache, was ist los? Hast du die Trompete verkauft oder was? Ich finde sie nicht.« Es handelte sich hierbei um ein ziemlich wertvolles Stück, die Trompete habe ich mal von einem sehr berühmten anderen Trompeter geschenkt bekommen. Ein Erinnerungsstück, und darüber hinaus noch ein hervorragendes Markeninstrument. Talula kommt zu mir und schlingt ihre Arme um meine Taille. Dabei fängt sie an zu schluchzen. »Helge, die Trompete … ich habe … also, ich wollte so gerne eine Getreidemühle … du weißt, für Korn mahlen und so … auch für dich, im Bioladen … und da wusste ich nicht … also, ich … ich habe die Trompete nicht direkt verkauft, aber ins Pfandhaus gebracht. So, jetzt ist es raus.«

Ich flippe total aus: »Ich habe heute einen wichtigen Auftritt vor Waisenkindern aus Sri Lanka!« (Das stimmte natürlich nicht.) Sie weint, dann springt sie auf und sticht mir ihre Nagelfeile in den Rücken und haut ab. »Dann besorg dir doch selber eine Getreidemühle, du Arsch! Kannst ja auch mal helfen beim Kochen oder Aufräumen!« Sie verschwindet auf ihrem Zimmer, nach einer Weile höre ich die alte Singer-Nähmaschine. Sie trampelt darauf rum wie ein Kamel im eigenen Kot. Ich blute. Sie ist sehr temperamentvoll. Dafür liebe ich sie. Ich nehme das Fahrrad, weil der Cadillac nicht anspringen will, die Woche nach Weihnachten ist immer Cadillac-Woche, und rase ins Pfandhaus.

Da kennt man mich schon, es ist nicht das erste Mal, dass Talula etwas aus meinem Besitz dahin bringt. Das geht mir auf den Wecker, immer braucht sie Geld für so spleenige Sachen. Sie hatte sich sogar schon mal als Leihmutter vermieten wollen. Ich bin zum Glück dahintergekommen. Aber ich werde seitdem das Gefühl nicht los, dass einige oder sogar alle unsere Kinder von irgendwelchen Professoren oder Amtsräten sind und dass sie die dann nachher so sehr ins Herz geschlossen hat, dass sie den Typen weisgemacht hat, die Kinder wären doch nicht von ihnen. Die Trompete war noch da. Ich löste sie mit dreißig Euro aus. »Herr Schneider, Sie bluten ja!« »Ach, nicht der Rede wert, ich habe mich mit meiner Tischkreissäge geschnitten, bin ausgerutscht.«

Die Proben mit meiner Band sind immer sehr zeitaufwendig. Jede Note muss sitzen, jede Geste, jede Haarlocke muss so frisiert sein, wie sie nachher vor Publikum zu sehen sein wird. Unser Gitarrenspieler ist auch ein Autonarr. Aber da er sozusagen in einer anderen Kaste ist wie ich, als Sideman, hat er nicht das Geld zur Verfügung, folglich besitzt er nur zwei Autos. Eines davon ist kaputt. Er ist Italiener und versteht kein Wort, wenn wir proben. Manchmal möchte ich wissen, was er denkt. Doch italienische Gitarristen sind verschlossen wie Medizinschränke.

Ich habe ihn durch eine Annonce in der Zeitung kennengelernt. Er spielte jahrelang in der Band von Lucio Dalla. Als Miles Davis dann starb, löste sich seine Band auf. Alles Kiffer. Da fällt mir meine Besteigung des Mount Everest ein. Vorweg, ich war nicht oben. Aber fast. Damals war ich mehr draufgängerisch wie heute. Ich kann mir das heute überhaupt nicht mehr vorstellen, ohne Vorbereitung solch einen hohen Berg besteigen zu wollen. Ich komme nämlich darauf, weil wir im Basislager ausschließlich Miles Davis gehört haben. Auf Raten unseres Sherpas Homann, der seine Familie für drei Wochen, so lange dauert der Aufstieg, mit Eingewöhnung, allein gelassen hatte, rasierten wir uns kahl, bevor wir die erste Hürde nahmen, die Baumgrenze. Ab fünftausend Meter wird's ungemütlich.

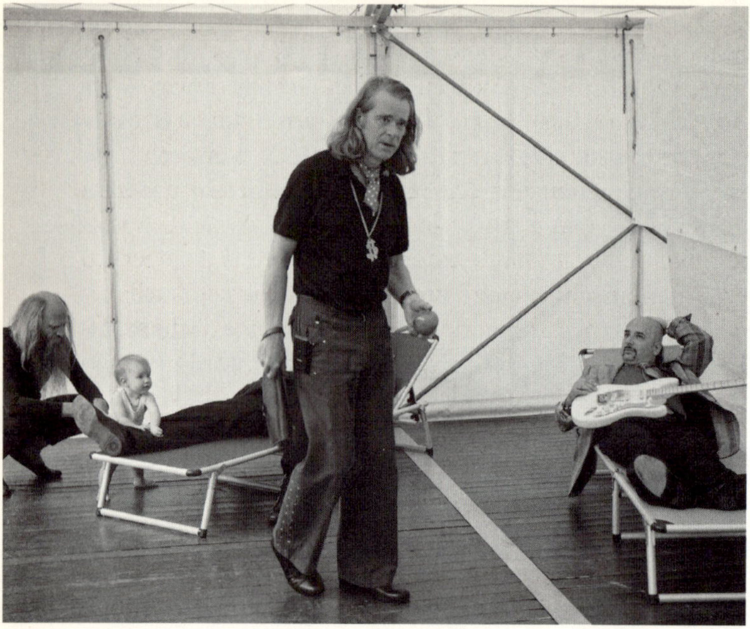

Gleich geht's los, die Fans warten schon.

Ganz fürchterlich wird es dann ab sechstausend. Wer hier nicht genügend Kondition hat, wird kläglich scheitern. Oft ist auch der Tod mit im Spiel. Ich hatte keine Angst. Wollte nur steigen, steigen, bis ich den gesamten Orient überblicken konnte, so hatte ich mir das auf jeden Fall vorgestellt.

Als ich die siebentausend Meter erreicht hatte, fiel im Tal der Strom aus. Das konnte ich von hier oben aus erkennen. Meine Freunde, einer kam aus Oregon in USA, der andere war Isländer, beide waren Neulinge im Berg, wollten nicht mehr weiter. Ich hingegen dachte gar nicht daran aufzugeben. Wenn ich auch am Bergsteigen eigentlich keinen Spaß hatte, war der Ausblick doch überwältigend. Also stapfte ich mutig weiter, mich mit der Zigarette wärmend. Auf meinem Weg sah ich erfrorene Kletterer, die sich entweder im Schritt vertan hatten oder einfach übermüdet eingeschlafen waren. Ich musste nur noch achthundert Meter laufen, dann könnte ich alles sehen, so wie ich mir das vorgestellt hatte. Doch dann bekam ich einen Krampf in der rechten Wade. Ich versuchte noch, mit Handkantenschlägen etwas dagegen zu unternehmen, aber es nützte nichts. Ich musste zurück.

Jetzt kam auch noch schlechtes Wetter. Sturm. Es war kalt. Fast dreißig Grad minus. Ich übernachtete in meinem Biwakzelt aus dem Kaufhof. Die Nacht war das Grauen. Mein Zelt zappelte nach einer Weile nur noch an einem einzigen Faden im Wind. Ich hatte alle Hände voll zu tun, nicht wegzuwehen. Zum Glück hatte ich eine Stahlkugel dabei, um nicht weggeschleudert zu werden. Es hatte sich doch gelohnt, sie bis hierher mitzuschleppen. Die Luft war hier oben dermaßen dünn, ich schnappte wie ein Fisch an Land nach Luft. Mittags musste ich aufgeben. Beim Abstieg traf ich die Kollegen, beide eiskalt und steif gefroren. Ich ließ sie liegen und steckte zwei kleine Plastikkreuze, die man im Tal im Souvenirgeschäft kaufen konnte, in das ewige Eis. Ich wollte immer mal wieder versuchen, ein zweites Mal den Everest zu erklimmen, doch es blieb bei diesem einen Mal. Heute bin ich zu alt für solche Eskapaden. Das würde mein Herz nicht mitmachen. Obwohl ich bei den Shows ja unheimlich agil bin und ausdauernd, der Everest ist zu hoch. Solche und ähnliche Tagträume hat man, wenn man nicht kifft.

Wieso immer ich. Warum muss ich jetzt in den Schweinestall sauber machen. Ich habe doch schon die Küche gemacht. Die Sau ist trächtig. Es ist schon das zweite Mal.

Meine Schweinezucht

Das Geheimnisvolle daran ist, wir wissen nicht, woher. Außer einem Loch in der Außenwand des Bretterverschlages deutet nichts auf einen Besuch eines Ebers hin. Für einen ausgewachsenen Eber ist dieses Loch jedoch zu klein. Aber vielleicht vertue ich mich. Im Wäldchen neben unserem Grundstück hausen Wildschweine, das weiß ich. Aber ich dachte immer, die Keiler sind treue Familienoberhäupter.

Wie es auch sei, Susanne ist schwanger. Als sie letztes Mal geworfen hat, haben wir eine Fete gegeben und die Ferkel gebraten. Mit Rosmarin und einem Apfel im Mund, hmmm, lecker. Dazu Kartoffeln à la provionzial. Talula war zwar dagegen, aber wir haben sie überstimmt. Besonders Charly langte ordentlich zu. Wenn ich mich recht erinnere, hat er drei Ferkel gegessen. Danach haben wir gejammt. Mit vollem Magen bläst es sich allerdings nicht so gut Saxophon, und die Schallplattenaufnahmen wurden demnach auch nichts. Nur das Solo von Pete York, der zu Besuch war, am Schlagzeug, das habe ich später mal auf einer CD verwendet. Pete York ist traurig, weil Eric Clapton ihn nicht in seinen Memoiren erwähnt hat. Daraufhin habe ich ihm versprochen, dass er auf jeden Fall in meinem Buch drinstehen wird. Dieser Riesenkerl, man traut ihm gar nicht zu, dass er in einen Nissan Micra passt. Und genauso ist es. Als Reinhard, unser Bassspieler, ihn mal zum Hotel in seinem Nissan Micra mitnehmen wollte, musste er den Beifahrersitz ausbauen und irgendwo stehen lassen. Als er ihn dann später wieder mitnehmen wollte, war er weg. Wer klaut denn so was!

Charly

Draußen stürmt es. Die Bäume biegen sich. Vielleicht kommt heute die alte Kastanie runter. Ich muss Vorkehrungen treffen, dass sie nicht auf den Flüssiggastank haut, bin gestern erst beliefert worden, und im Falle einer Explosion wäre unser Haus wie vom Erdboden verschluckt. Mit meinem Neffen Jeff *(Name geändert)* klettere ich bis in die Krone, natürlich angeseilt, um die morschen Äste, wenn nötig, zu kappen. Da passiert es: Eine starke Böe erfasst Jeff und reißt ihn mit sich. Er baumelt am Sicherungshaken, schlägt aber unsanft zurück an den Stamm. Er blutet, ich muss ihm helfen. Schnell! Geistesgegenwärtig stürze ich mich zwischen ihn und den Baum, damit er nicht noch einmal anschlägt.

Unten unter dem Baum ist ein Komposthaufen, der mich abfängt. Während dieser Aktion bemerke ich, wie zwei aufgescheuchte Falken wie verrückt oberhalb der Kastanie in der Luft stehend flattern und kreischen. Es ist ja mehr eine Art Piepen, laut und drängend. Da sehe ich den Dachs, der unter der Kastanie seinen Bau hat, wie eine Rakete aus seiner Behausung schießen, er flieht, was ist der Grund? Ich schnappe mir meinen Neffen Jeff und hechte, so schnell ich kann, mit ihm unter dem Arm in Richtung Haus. Gerade noch in letzter Sekunde. Die Riesenkastanie kracht mit unglaublichem Getöse auf das Haus, wir stehen unter der Dachkante, die Kastanie schmiert nach links ab, haarscharf an unseren Gesichtern vorbei, und drückt den Aston Martin DB 4, Baujahr 1959, platt. Benzingeruch verrät uns, dass der Tank geplatzt ist. Talula, die mit der Vespa gerade vom Einkaufen kommt, mit dem Kind im Tragetuch vor der Brust, nimmt konsterniert die Zigarette aus dem Mund und wirft sie, wie in Trance, auf den Aston Martin. Eine sechs Meter hohe Stichflamme, die bis hierhin zu spüren ist, entscheidet über die Zukunft des teuren Sportwagens. Egal, Hauptsache gesund, denke ich schnell und helfe Talula bei den Tüten. Ob sie es extra gemacht hat? Das Haus ist zu einem Drittel zerstört. Sie mochte den Wagen nämlich nicht.

Das Sitzen und Warten in einem Krankenhaus ist eine Zumutung für einen, der glaubt, eine akute Erkrankung zu haben, zuerst muss man aber die Formalitäten klären. Ich bin wegen eines geschwollenen Ellenbogens zur Notaufnahme gestolpert, mit dem Taxi bin ich zum Krankenhaus gefahren, weil ich mit dem Arm nicht mehr lenken kann. Als ich endlich drankomme, erkläre ich dem Arzt, dass ich Musiker bin und den Arm noch brauche. Der Arzt horcht auf, als ich ihm das sage, dann erkennt er mich. Statt mich zu behandeln, möchte er gerne ein Autogramm für seine Tochter, er selber wäre kein Fan von mir, er findet das, was ich mache, eigentlich beschissen. Aber seine Tochter, die Verrückte, findet mich, weiß Gott warum, gut. Am liebsten würde ich ihm seinen dummen Arm brechen. Ich soll für ihn »Katzeklo«

Die Renovierungsarbeiten an unserem Penthouse in Istanbul
laufen auf vollen Touren, sogar nachts.

singen, dann würde er sich das vielleicht anders überlegen, vielleicht wäre doch was dran an dem Lied. Um ihn nicht zu verärgern, stimme ich das Lied an. Was soll ich sagen, der Mann wurde von mir sozusagen umgestimmt. Jetzt ist er der größte Fan, wie er behauptet.

Doch das gerade sagen ja so viele. Na ja, der Ellenbogen ist total dick, ich habe ein sogenanntes Überbein, hoffe, dass es wieder weggeht. Dieses ewige Klavierüben hat es mir eingebrockt. Aber ich muss ja üben, will ja bei den Konzerten überzeugen durch mein überdurchschnittliches Können. Auch Trompete will ich gut können. Und schwimmen, aber da tu ich mich schwer. Es ist so unheimlich anstrengend, nicht unterzugehen. Man muss immer Arme und Beine bewegen. Ich gehe deshalb öfter in die Badeanstalt. Zum Üben. Mit einem Sack voll

Autogrammkarten, versteht sich. So sieht man mich dann am Beckenrand signieren. Das Platschen der Leute, die vom Zehner springen, stört mich dabei kaum.

»A-Moll, dann C-Sieben und anschließend F-Dur!« Der Schlagzeuger schaut verdutzt drein. Die Akkorde interessieren ihn eigentlich nicht. Ich nehme an, dass er etwas verunsichert ist. Ich habe Audition in einem meiner Studios. In dem Glauben, dass unser eigentlicher Schlagzeuger bald zu David Bowie gehen will, was dann auch tatsächlich passierte, studiere ich mit neuen Leuten ein paar Songs ein wie »Telefonmann«, »Es gibt Reis« und »Und da stehen sie wieder in Zweierreihen vor der Pommesbude und warten auf das, was ihnen gebührt«. Die einzelnen Drummer werden durch eine Schleuse geführt, damit sie sich nicht gegenseitig sehen müssen. Ich erzähle diese Geschichte, weil ich auf diese Art Ringo Starr kennengelernt habe. Als er den Raum betrat, wusste ich erst mal nicht, wo ich dieses Gesicht schon einmal gesehen hatte. Dann setzte er sich an das Schlagzeug und rückte sich die Snare zurecht, das ist die Haupttrommel beim Schlagzeug, sie steht zwischen den Beinen in der Mitte, und man muss alle Tricks draufhaben, damit sie wirklich gut klingt.

Das ist aber noch nicht alles, die Musik, die man damit spielen will, wird nur einen guten Sound haben, wenn der Schlagzeuger die anderen nicht kaputt spielt, das hat nicht unbedingt etwas mit Lautstärke zu tun. Es gibt laute Schlagzeuger, die viel mehr Freiraum für die anderen Musiker lassen als andere, die nur leise vor sich hin dümpeln, aber alles mit ihrem Getrommel und Gezissel zuschmieren, dass man den Rhythmus nicht mehr fühlt und auch nicht tanzen kann. Ich sage immer, ein Kleinkind muss darauf tanzen können, sonst hat es keinen

Die gesamte Innenstadt ist auf den Beinen,
um meinen fünfzigsten Geburtstag zu feiern.

Sinn. Ich habe sogar schon einmal erlebt, dass ein Kind beim Hören von sehr verkopfter Musik Zahnweh bekommen hat.

Ringo begann mit einem Trommelwirbel und spielte dann die Titelmelodie aus dem Film »Jagd auf Roter Oktober«, einem U-Boot-Epos. Mir gefiel es nicht so, aber ich fand den Typen irgendwie kauzig. Also fragte ich ihn, ob er mal mit mir zusammen etwas spielen könne, ich holte mein Saxophon, und los ging es. Aber es swingte nicht sonderlich, weil Ringo mehr Rockschlagzeuger ist. Ich konnte ihn nicht gebrauchen. Schade. Mein Publikum hätte wahrscheinlich nichts dagegen gehabt, vielleicht hätten einige ihn auch gekannt. Ich lud ihn noch zu einem Kaffee ein, um ihm zu sagen, dass er ein bischen Jazz üben solle, dann hätte ich nichts dagegen, dass er mal wieder vorbeikommt. Wir tauschten unsere Telefonnummern aus, er war nicht beleidigt oder sonst was. Er hat auch schon ein paarmal angerufen oder eine SMS geschickt, zum Beispiel hat er mich zu seinem 60. Geburtstag eingeladen. Ich wollte hin, aber dann kamen die Endausscheidungen für die Europameisterschaft im Fechten im Fernsehen, live.

Zu meinem Geburtstag war er da, da waren aber so viele Leute, ich hab ihn gar nicht gesehen. Am Grillstand begrüßte mich Jason Robards, ein B-Movie-Darsteller aus Amerika, er wollte was von meiner Schwester. Meine Schwester ist Amerikanerin, mittlerweile. Sie wohnt in Los Angeles. Ich fliege manchmal hin, nur so, zum Gucken, Einkaufen. Da gibt's gute Klamotten. Schiesser-Feinrippunterhosen kosten da die Hälfte. Sie hat einen Amerikaner geheiratet, aber das ist eine ziemlich düstere Angelegenheit. Jetzt ist sie zum Glück geschieden, es hat sich nämlich herausgestellt, dass der Typ gleichzeitig noch mit fünf anderen Frauen verheiratet war. Jetzt sitzt er eine lange Haftstrafe ab, ich glaube, er hat auch mal einen gekillt. Na ja, Amerika. Was soll man dazu noch sagen. Aber jetzt mit diesem Obama wird sich viel ändern. Meine Schwester ist Putzfrau im Weißen Haus. Ein Superjob, sagt sie. Sie hat Obamas Zimmer schon mehrmals gesaugt. Die Blumen sind aus Plastik, sagt sie, soll aber keiner wissen. Er hat ihr mal eine CD mitgegeben, ich solle sie signieren, er ist Fan. Sagt sie. Aber das glaube ich ihr nicht. Oder doch?

Na ja, sie putzt natürlich gar nicht bei Obama, aber sie hat wirklich einen höheren Job im Weißen Haus, kennt sogar Arnold Schwarzenegger. Da fällt mir das Gesicht von der Frau von Frank Sinatra ein, als sie in der Limousine in Köln auf ihn gewartet hat. Sie saß hinten im Fond und hatte ihre Handtasche auf dem Schoß, ihr zu dieser Zeit schon ziemlich von Krankheit gezeichneter Mann huschte dann schnell zu ihr, nach dem Konzert auf dem Domplatz. Ich rannte über die Straße, wollte mein Idol, ja, Frank Sinatra war zu jener Zeit eines meiner größten Idole und ist es irgendwie immer noch, anfassen, wie es Millionen Menschen bei mir auch immer versuchen, wollte ihm hinterherschreien, dass ich auch Musiker bin, Sänger. Dass ich seine Stimme so toll finde und ihn überhaupt spitzenmäßig finde und ihn bewundere, auch für seine Frau, und ob er Jerry Lewis zu Hause besucht manchmal, wie der so wohnt, ach, ich hätte so viele Fragen an ihn richten können. Stattdessen schaute ich angestrengt weg, als er ängstlich in meine Richtung blickte und dem Fahrer anordnete, sofort loszufahren. Zehn weiße Mäuse begleiteten ihn, Polizisten auf weißen BMW-Motorrädern. Mein Nachbar fährt eine blaue. Ich glaube, ich kaufe mir auch eine blaue, sieht gut aus.

Dass ich am Zigarettenautomaten nicht normal Zigaretten ziehen kann, macht mich fertig. Immer mit der Karte da rumhantieren, nicht mein Ding. Aber ich muss mich dran gewöhnen. Die Welt hat sich in den letzten zwanzig Jahren unglaublich verändert. Man weiß nicht genau, zu ihrem Nachteil will man ja nicht sagen, aber irgendetwas ist faul. Nicht nur, dass die Pole schmelzen und das Wetter verrücktspielt. Nein, auch die Leute, die Mode, die Gebäude, alles. Auch ich habe mich verändert. Ich bin sportlicher geworden. Das geht, auch wenn man älter wird. Ich mache Nordic Walking. Selbst die Hunde müssen den ganzen Weg rennen, so schnell bin ich mit den Stöcken. Wenn mich dabei mal jemand sieht, ist mir egal. Ich gehe allerdings immer nur morgens um 5 Uhr. Hat mich noch nie jemand gesehen. Auch das Hanteltraining macht mir Spaß. Habe mir gebraucht welche gekauft. Sie sind superleicht. Aus Kunststoff. In der Schule war ich Hürdenläufer.

Die Olympiaden sind auch nicht mehr das, was sie mal waren. Ich war heute im Bioladen und habe geklaut. Unbeabsichtigt. Mir ist eine Gemüsebürste beim Vorbeigehen an dem Bürstenstand an der Mohairjacke hängen geblieben. Talula hat einen Riesenaufstand gemacht, ich solle sie zurückbringen, sonst würde sie mich an die Polizei verpfeifen. Sie ging sogar mit, um dem Ladenbesitzer zu sagen, dass er doch den Verkaufsstand für die Bürsten nicht zu weit in den Weg stellt. Das wäre ja Begünstigung zum Stehlen, wie sie sich ausdrückte. Sie kaufte noch Tofu, das mag ich gar nicht, aber ich tue zu Hause immer so, als wenn es schmeckt. Ich sage dann: »Ahhh, lecker! Lecker!« und »Hmmmm, super. Tofu.« Wenn sie was mit Tofu kocht, habe ich immer ein Behältnis unter dem Hemd, wo ich den Tofu hineingeben kann, um während des Essens dann aufzustehen und aufs Klo zu gehen, das dann da reinschmeißen. Und abziehen. Hoffentlich kommt sie nie dahinter.

Es ist Donnerstag, ich habe um zwölf einen Termin beim Internisten. Seit geraumer Zeit habe ich so ein unbestimmtes Pieksen in der Gallengegend. Mir ist auch aufgefallen, immer wenn ich Trompete gespielt habe oder Saxophon. Ich kann es aber nicht richtig orten. Der Arzt lässt mich das Hemd ausziehen und drückt mir auf den Bauch, ich muss lachen, es kitzelt. Er fragt, wie lange ich das denn schon habe. Ich sage, anderthalb Jahre ungefähr. Daraufhin sagt er nur: »Wenn Sie Krebs hätten, wären Sie schon tot.« Er meint, da wär ja gar nichts, verschreibt trotzdem was. Ich nehme das auch immer brav ein, aber das Pieksen ist irgendwie weg. Es ist beunruhigend. Es ist auch nie mehr aufgetaucht. Komisch. Wenn man so gar nichts hat, obwohl man ja zum Arzt geht deswegen.

Talula hat sich die halbe Hand fast abgesäbelt, bei dem Versuch, im Keller ein paar Scheiben von dem alten spanischen Schinken abzuschneiden, der an dem Heizungsrohr aufgehängt ist. Sie blutet. Ich muss ihr den Arm abbinden, damit das Blut aufhört, aus der Wunde zu schießen. Furchtbar, dieser Anblick, sie ist schon ganz blass. Ich bin natürlich auch wütend, weil sie unberechtigterweise mein scharfes Jagdmesser dafür benutzt hat, ich habe ihr immer gesagt, dass man das nicht mit solch einem Jagdmesser darf. Jetzt ist sie ganz kleinlaut. Gleich kommt eine Sendung über Stichlinge, die will ich unbedingt sehen. Ich habe mal eine Unterwasserkamera kaufen wollen von einem ehemaligen Taucher aus der DDR. Seitdem interessiere ich mich für die Stichlinge. Die Kamera habe ich zwar nicht gekauft damals, aber jetzt habe ich schon lange eine. Ich nehme nachts manchmal Stichlinge in dem kleinen Bachlauf auf, mit der 16-mm-Kamera und Infrarotlicht, ich denke, dass man so etwas von einem Star nicht vermutet. Ich habe einen Neoprenanzug, da kann ich in sehr kaltem Wasser mehrere Stunden aushalten.

Die Stichlinge sind sehr selten geworden, ein Wunder, dass hinter unserm Haus welche sind. Sie paaren sich zweimal im Jahr. Ich habe sie dabei fotografieren und auch einen kleinen Film machen können. International bekannt bin ich deswegen aber unter einem anderen Namen, der hier nichts zur Sache tut, denn es geht ja

Unser Landgut

nicht um die Stichlinge, sondern ich will als Helge Schneider aus meinem Leben plaudern. Und dazu gehört, dass ich Talula ins Krankenhaus bringen musste, zum Glück gab es dort Fernsehen und ich verpasste die Sendung nicht. Ein Kanadier hatte sich auf diese Fischchen spezialisiert, und ich konnte manch Vergleich zu meiner eigenen Arbeit um diese wunderbaren Tiere anstellen. Sie musste genäht werden. Vier Stiche, die Hand war von der Handwurzel bis fast zum Daumenanfang aufgeschlitzt. Sie war sehr tapfer. Wir sahen zusammen die Sendung, während sie genäht wurde. Das wird nur örtlich betäubt, war dann doch nicht so schlimm. Aber eine Narbe hat sie davongetragen.

Sie will demnächst eine Operation bei einem Schönheitschirurgen deswegen machen lassen, nebenbei will sie sich den Busen auf das Doppelte auskoffern lassen. Ich denke manchmal auch darüber nach, vielleicht eine Penisverkürzung, damit ich auch wie jeder andere normalen Sex haben kann. Sex ist für einen Musiker sehr wichtig. Viele Texte werden doch von dieser Tätigkeit abgeleitet. Zum Beispiel der Song von Lionel Richie, den ich übrigens sehr bewundere, »All Night long«, aber auch klassische Werke wie »Pour Adeläne« von Ludwig van Beethoven. Wie war diese Adeläne wohl im Bett mit dem großen Meister? Ob er es wirklich übers Herz gebracht hat, seine Ellenbogen abzustützen und sein Glied in diese Adeläne hineinzustoßen? Soll man gar nicht meinen von so einem berühmten Mann wie Beethoven, dass der das gemacht hat. Aber er war auch nur ein Mensch und war sicherlich auch nur wegen der Frauen Musiker geworden wie ich.

Ja, ich gebe es unumschweiflich zu, das ist der Motor für die meiste kompositorische Arbeit. Man singt doch nicht: »Der Rasen ist grün und ich hole jetzt den Rasenmäher«, oder ähnliches Unbedeutendes, nein, man singt doch: »Nimm diesen Strauß, mein Schatz, und tu ihn in die Vase.« Also Romantik pur, das zum Beispiel ist meine Devise. Auch privat. Ich habe immer etwas in der Tasche, wenn ich nach Hause komme, mal ein kleines Plüschtier, das ich aus dem Automaten gezogen habe, mal eine kleine Flasche Eierlikör, mal nichts. Denn nichts ist auch was. Das muss man sich immer wieder neu interpretieren. Eine Frau mit nichts an ist seit Menschengedenken eine Einladung zum Schmusen. Wenn dabei mehr herauskommt, bitte schön. Ich soll etwas dazutun, für die Operation. Mach ich aber nicht, ich finde, Talula sollte sich das noch mal überlegen. Ich habe schon so viele Frauen auf der Welt nackend gesehen, da waren alle Formen von Busen bei, ich finde, Talulas Busen ist wohlgeformt und schön. Ich werde die Operation verbieten. Und auch ich würde so etwas niemals machen lassen. Dann schleife ich ihn lieber am FKK-Strand hinter mir her. »Drei Spuren im Sand ...«

Mal sehen, ich mache vielleicht einen Song daraus.

Das Hundegebell geht mir total auf die Nerven, nachts bellt hier immer ein Hund in weiter Ferne. Ich habe das Fenster weit geöffnet. Jetzt höre ich, es muss auch ein zweiter Hund dabei sein. Ob die nichts zu fressen bekommen haben heute? Ich kaufe immer fünf Brötchen morgens. Davon esse ich zwei, nachmittags mal eins,

Bodo ist mein größter Fan. Ich trete nur für ihn alleine auf, in einer Matinee.

und am nächsten Morgen mache ich die restlichen, wenn Talula welche übrig gelassen hat, auf dem Toaster noch mal warm. Ich esse dazu oft ein gekochtes Ei, dazu trinke ich Kaffee, und anschließend gehe ich spazieren oder zu Ärzten. Ein ganz normaler Mensch bin ich. Jetzt ist Ruhe, die Hunde haben aufgehört. Ich höre die Eisenbahn vorbeizischen. Der ICE ist leiser wie die Interregionalbahnen. Am lautesten sind die Güterzüge. Wenn die dann noch fast einen Kilometer lang sind und eine Diesellok vorne haben, schaue ich aus dem Fenster und zähle die Waggons. Der Klavierstimmer muss kommen, ich kann die Akkorde nicht mehr auseinanderhalten.

Talula frühstückt immer später als ich. Sie braucht mehr Schlaf, weil sie jünger ist. Ich komme mit vier, fünf Stunden aus. Das muss ich auch, denn ich kümmere mich um das Viehzeug. Die Kühe müssen gemolken werden, zum Glück habe ich eine motorgetriebene Milchabsauganlage, dazu starte ich um Punkt fünf Uhr dreißig meine alte DKW, die auf einem Ständer steht, an dem der Keilriemen angebracht ist, der die Pumpe in Gang bringt. Altes Prinzip, aber wirkungsvoll und billig.

Pete York ist heute zur Anprobe von T-Shirts für die neue Show gekommen, er übernachtet wie immer im Hotel »Präsidentenloft« *(Name des Hotels geändert).* Ich habe mit ihm zusammen ein wunderschönes krabbenfarbenes T-Shirt bei Hertie rausgesucht, es steht ihm sehr gut. Er hat mal wieder ein Filmangebot bekommen, und da wir mit unserer neuen Tour noch in Planung sind, kann ich auf die Filmgeschichte noch eingehen, das heißt, ich lege ein paar Konzerte um, das ist kein Problem. Sean Connery hat das Drehbuch geschrieben und spielt selber mit. Ich wünsche Pete, dass er nicht wieder nur eine so kurze Rolle spielt, wie bei Alfred Hitchcock in dem Film »Die Vögel«, wo er einen Tankwart mimte, den man von hinten kurz im Eingang einer Garage verschwinden sieht. Hitchcock, ja, das war ein Typ! Ich kenne keinen für Spannung Besseren. Ich habe sogar mal einen Workshop bei ihm gemacht, zu der Zeit, als er oft im Fernsehen war. Da habe ich auch Robert De Niro kennengelernt, der damals noch völlig unbekannt war und dem ich eine Rie-

Pete York

senkarriere prophezeit habe. Und tatsächlich, er selber hatte schon nicht mehr an den Durchbruch geglaubt, mit »Deer Hunter« gelang es ihm schließlich, zusammen mit Christopher Walken. Hitchcock hatte einen Spleen, er sammelte Aschenbecher, aber nur für Zigarren. Er schleppte sich regelrecht ab damit, wenn er zum Beispiel im Ausland drehte, wie in Holland, wo er »Der Mann, der zuviel wußte« gedreht hat. Ich hatte das Glück, bei diesem Film dabei zu sein. Zwar nur hinter der Kamera, aber immerhin.

Ich legte Film um, dazu musste man ständig, wenn eine Filmrolle durch war, mit beiden Armen in einem Dunkelsack hantieren und mit Fingerspitzengefühl die Filme aus den Kassetten herauswurschteln und in Blechdosen verpacken, zukleben mit Klebeband. Alles in diesem lichtundurchlässigen Sack. Cary Grant war ein irrer Vogel, ich glaube, er mochte mich. Ich war damals erst so um die zwanzig und spielte abends, wenn die letzte Rolle durch war, immer Gitarre und sang dabei, Cary ließ es sich nicht nehmen, sich zu mir zu setzen und auch mal mitzusingen. Er hatte eine etwas krächzende Stimme, die so gar nicht zu diesem großen Typen passen wollte. Aber was hält das Schicksal nicht alles für uns Menschen bereit. Er rauchte wie ein Schlot. Das war natürlich ansteckend, und auch ich verfiel diesem Laster. Auch jetzt, gerade beim Aufzeichnen dieser Erinnerungen, stecke ich mir eine Gitane an, natürlich filterlos. Ich mag die parfümierten Zigaretten nicht mehr. Lord oder Ernte, davon wird mir schlecht. Eines steht fest, Talula und ich verbrauchen mit unseren Benzinfeuerzeugen mehr Sprit wie die alte Ente, mit der ich manchmal durch die Gegend zimmere.

Dreharbeiten mit Hitchcock

Wir sitzen im Mutter-Kind-Abteil der Deutschen Bundesbahn. Es ist schon dunkel. Gerade hat ein Unbekannter eine Riesentüte mit Spielzeug von Toys »R« Us hier reingestellt. Wir haben Angst. Am nächsten Bahnhof verlassen wir den Zug umgehend. Wie leicht es doch ist, in Angst und Schrecken versetzt zu werden. Im nächsten Zug versucht der Zugführer, sich mit Englisch dem Publikum verständlich zu machen. Das Resultat ist ein Engländer, der am falschen Bahnhof aussteigt, wir sehen ihn beim Wegfahren, wie er verzweifelt versucht, den Zug erneut zu erwischen, aber die Stahlstufen des Geschosses sind bereits eingefahren und die Türen verriegelt. Mit dem Zug fahren war früher anders. Man konnte das Fenster herunterschieben und den Kopf raushalten. Da das aber für manch einen verhängnisvoll endete, hat man die Scheiben jetzt schon lange zu. Auch die Klimaanlagen kann man nicht selbst verstellen. Dadurch werde ich manchmal krank im Zug.

Trotzdem fahre ich immer wieder mal Zug, damit ich meinen Bekanntheitsgrad testen kann. Und richtig, da verlangt schon der Erste ein Autogramm. Ich stelle mich ahnungslos, damit der Thrill größer ist für diese armen Menschen, dann schreibe ich irgendeinen Scheiß auf irgendwelche Papierschnipsel. Dass ich dabei meine Originalautogrammkarten in der Seitentasche meines Sakkos umklammert halte, merkt keiner. Ich bin schon tausend und abertausend Kilometer mit dem Zug gefahren. Auch Ellington liebte Zugfahren. Und Count Basie, er hatte sogar eine riesenhafte Märklin-Eisenbahn im Keller und stand nach den Tourneen am liebsten mit einer Schaffnerkappe und einem Schaffnerstab mit rotem und grünem Licht bis zum Morgengrauen im Keller und spielte mit der Eisenbahn. Auch ich habe eine riesenhafte Modelleisenbahn im Keller, aber noch nicht aufgebaut. Ich finde nie Zeit dafür. Und das Zeugs ist wirklich teuer gewesen. Meine gesamten Gagen aus dem Jahre 1995/96 sind da reingeflossen. »Meine Damen und Herren, in 3 Minuten erreichen wir Hamm/Westfalen! In Hamm/Westfalen wird der Zug mit einem anderen Zug vereinigt ...!« und so weiter, und so weiter. Dann in Englisch.

Auf dem Bahnsteig steht eine einsame Frau. Sie ist gut gekleidet, aber ich sehe, sie trägt einen Arm in Gips. Vielleicht hat sie den Arm gebrochen. Ich wage gar nicht, darüber nachzudenken, wie weh das tut. Ich presse meine Mundwinkel vor Schmerz zusammen. Wenn man immer so viel Mitgefühl hat mit anderen Menschen wie ich, kann das Leben manchmal sehr anstrengend sein, auch für einen Star. Wie viele schlimme Sachen sieht man denn tagtäglich im Fernsehen. Angefangen von Kriegen und Katastrophen bis hin zu verpatzten Operationen an den Augenlidern. Die Welt ist ein Chaos. Gerade deshalb braucht man Komiker wie mich. Wir sind die Einzigen, die Ordnung in diese Zerrissenheit bringen. Mit dem Gedanken an solche Dinge

Mein Lebensmotto wurde von einem französischen Künstler treffend auf Leinwand gebannt, eine Auftragsarbeit.

schlafe ich kurz vor Magdeburg ein, obwohl der Zug über zweihundertfünfzig Stundenkilometer fährt.

Ich habe keine Angst. Wenn das Schicksal es will, dass ich in einem Zug der Deutschen Bundesbahn verunglücke, ist es selber schuld. Ich nehme an, das Schicksal ist ein Mann im mittleren Alter mit einem langen Hals und einem silberfarbenen, hautengen Kokon. Er kann sich nicht bewegen und frisst Heu von Wiesen und Feldern, das ihm Jungfrauen in rosafarbenen Miniröcken bringen. Er schläft nie. Immer muss er funktionieren. Der Wind weht nur ganz seicht über sein schütteres, schwarz getöntes Haar. Sein Mund ist geschwollen von vielen Tausend Operationen. Seine Gesichtshaut fällt vorsichtig ab, sie hängt an manchen Stellen durchsichtig herunter. Und dann steht er plötzlich auf und geht den Abhang zum langen, langen Fluss hinan, und plötzlich bekommt er von dem Fluss eine Information, dass er jetzt bitte in irgendeinem fernen Land eine bestimmte Person zum Beispiel einen Fahrradunfall erleiden lässt. Bamm! Schon passiert. Das Schicksal wird nur sächlich genannt, weil er nie Geschlechtsverkehr hat. Der Traum im Zug wird immer verworrener. Ein Würstchen, jetzt ein Würstchen. Ich bekomme eines gebracht. Danke.

Ich mag gerne Würstchen in Pfannekuchen eingerollt mit Tomatenketchup und Schmierkäse. Oder Bratkartoffeln mit Spiegelei und Salat. Oder auch mal nur Reis, mit Nudeln, Kartoffelbrei und dazu Chips. Also nur Kohlehydrate, das ist das Geheimnis meiner Schlankheit. Auch nehme ich im Gesicht nichts, außer mal hier und da eine Spritze Botox wie Mickey Rourke. Die Lippen will ich mir ja auch machen lassen. Aber erst den Sack. Die Falten machen mich meines Erachtens älter, als ich wirklich bin. Zum Glück sieht sie ja keiner, außer meinem Arzt. Beim Geschlechtsverkehr mit Talula ziehe ich mich nicht aus, ich mache nur den Hosenschlitz etwas auf. Das fördert die Fantasie. Natürlich will Talula mich immer überreden, mich ganz auszuziehen, sie hat mich noch nie nackt gesehen, aber das geziemt sich nicht. Ich bin sehr gläubig.

Ich glaube an den ganz großen Durchbruch in den USA und Japan. Die Japaner sind verrückt nach mir. Doch bisher habe ich keine Tournee dahin unternommen. Ich habe es zwar aus Gag schon das ein oder andere Mal meinem Publikum erzählt, aber in Wahrheit stimmt das gar nicht. Ich scheue die Auseinandersetzung mit dem Yen. Ich habe schon für viele Währungen gearbeitet, sogar für belgische Kronen, aber der Yen ist mir unheimlich. Also lass ich es lieber. Außerdem kommt in Japan das Gefühl hinzu, dass die Leute mich nur lieben, weil ich so gut aussehe, und das allein will ich nicht. Man soll auch meine Musik verstehen. Nur super aussehen, das kann schließlich jeder, das beweisen die vielen Fernsehsendungen, in denen alte Landpomeranzen zu schicken, Madonna ähnelnden Wesen aufgepeppt werden, nur durch Schminke. So wird aus Frankensteins Braut die Lollobrigida. Sogar aus Bahnchef Mehdorn kann man auf diese Art und Weise eine Claudia Schiffer machen. Und ich finde, eine Frau, die etwas auf sich hält, darf das. Doch die meisten Frauen meinen, mit Lippen wie in Pfannekuchen eingerollte Würstchen käme man nicht mehr so an in der Straßenbahn. Sie irren sich. Die öffentlichen Verkehrsmittel nehmen alle Leute mit.

Jimmy Woode spielte ein tolles Solo und sang dabei seine Version von »Georgia«. Wir spielten im Seniorenclub meines Vaters, als er noch lebte, Pete York, Jimmy und ich. Natürlich umsonst. Die Leute waren fasziniert

Soundcheck

von Jimmy, wie der auf seinem Bass spielen konnte. Nachher saßen wir so zusammen und ich hörte, wie mein Vater mit Jimmy Englisch redete. Das wusste ich gar nicht, dass er Englisch konnte! Er hatte niemals Englisch gesprochen, ich war aber nicht überrascht. In den späten Vierzigern war mein Vater wohl in New York zu einem dreimonatigen Lehrgang im Telefonbau gewesen. Er hatte nie was davon erzählt. Mit Jimmy verstand er sich gut. Ich hatte Jimmy 1972 kennengelernt, als er in Dortmund in der Westfalenhalle ein Gastspiel hatte mit der damals sehr bekannten Gospelsängerin Odetta. Das Konzert wurde live im Fernsehen übertragen, so was gibt es heut nicht mehr. Live, ohne Zensur. Wenn etwas heute live sein soll, ist es immer ein paar Sekunden zeitversetzt, damit man das Wort »Pillemann« oder »Fotze« noch schnell wegschneiden kann, falls mal ein Star ausflippt.

Ich war schon in vielen Fernsehshows dabei, ich langweile mich nie, weil ich mich gut selbst beschäftigen kann, ich übe Grimassen oder penne auf ’ner Couch. Oder ich kämme mir lange die Haare. Oder ich hau wieder ab, sage, dass ich dann pünktlich wiederkomme, gehe meistens dann einkaufen, Schuhe oder Unterhosen, dann komme ich viel später zurück, als ich sollte, und alle sind völlig gestresst, weil sie denken, ich käme gar nicht mehr. Aber man soll sich ja schon vier Stunden, bevor man zum Beispiel bei Thomas Gottschalk auf der Couch sitzt, schminken lassen. Völlig unnötig. Früher hätte ich ja bei solchen Veranstaltungen beim Essen ziemlich reingehauen, aber wenn man schon so viele kalte und warme Buffets gesehen hat in seinem Leben, dann hört man irgendwann auf damit und kocht sich zu Hause selber was.

Talula ist eine große Meisterin der internationalen

Kochkunst. Doch manchmal, wenn der ganze Haushalt uns über den Kopf steigt, sie räumt oft nicht ab oder spült, überlegen wir uns, eine Putzfrau anzuschaffen. Gerade kommt Talula die Treppe herunter, sie ähnelt Nofretete wie ein Ei dem anderen, kommt gerade mit gewaschenem Haar aus dem Badezimmer. Mein Gott, habe ich ein Glück, wenn ich daran denke, dass ich als Junge seitwärts den Abhang heruntergerollt bin, wo alle Einwohner unserer Siedlung die heiße Asche aus ihren Öfen ausgekippt haben, um dann unten in den Brennnesseln wieder aufzukommen, das ist verrückt, und heute mit dieser mondänen Frau verheiratet, das Leben ist doch ein riesiges Volkstheater.

Jimmy Woode ist von uns gegangen, in Amerika ist es passiert, im Frühjahr 2005. Es war immer ein Erlebnis, mit ihm zu musizieren, außerdem konnte er stundenlang über Musiker erzählen, er hatte auch schon überall mitgespielt. Als Bassist ist man gefragt, weil dieses Instrument nicht nur sehr schwer zu tragen, sondern auch schwer zu spielen ist, und folglich wenige Musiker sich für dieses Instrument entscheiden, vielleicht, weil es nur vier Saiten hat.

Jimmy war lange Zeit als junger Mann im Ellington-Orchester gewesen. Als ich einmal mit ihm »Ol' Man River« spielen wollte, lehnte er das strikt ab und erklärte mir, dass dieses Stück von schwarzen Musikern nicht gespielt wird, nur von doofen, weil es nämlich diesen »Onkel Tom«-Stempel hat. Jimmy war in den Siebzigern sicherlich »Black Panther«. Die Rassenfrage in Amerika beschäftigte ihn. Das können wir uns hier in Deutschland nicht vorstellen, wie das da war und auch immer noch mancherorts ist. Jimmy stammte aus der Zeit, wo schwarze Musiker den Hintereingang benutzen mussten, um dann vorne im Saal für Weiße zu spielen.

Aber das wissen wir ja alle, ich glaube, das brauche ich jetzt hier nicht zu verdichten. Mir fällt gerade ein, als wir mal bei Harald Schmidt aufgetreten sind, war auch Rudi Carrell da, und Jimmy war etwas unsicher, wie er sich verhalten sollte, denn er hatte vor Jahren dem Rudi Carrell mal eins in die Fresse gehauen, weil dieser ihm in einer Fernsehshow von hinten über den Kopf gestreichelt und gesagt hat: »Hello, boy.« Rudi wusste wahrscheinlich nicht, dass das für einen schwarzen Amerikaner eine schlimme Beleidigung ist. Aber Rudi erkannte ihn nicht. Ich trinke manchmal ein Bier.

In meinem Gerätehäuschen im Vorgarten ist ein Hornissennest. Wenn ich die Türe aufmache, ist das Nest genau in Augenhöhe, es handelt sich um einen sehr kleinen Geräteschuppen aus Holz, etwas kleiner als ein Pixi-Klo. Die Hornissen haben im Laufe eines Sommers eine Art Schwalbennest zusammengetragen, immer steckt eine Hornisse den Kopf aus dem Nest, wenn ich hineinschaue, und wir schauen uns tief in die Augen. Ich habe Vertrauen zu diesen schönen Tieren und nehme dann und wann behutsam ein Gerät aus dem Häuschen. Die Hornissen fühlen sich durch mich nicht gestört. Trotzdem werde ich demnächst, wenn es wieder wärmer ist, das Nest abmachen und woanders unterbringen, schon allein wegen der Kinder, die da vielleicht auch mal reinschauen. Warum ich diese Geschichte erzähle? Weil sie stimmt.

Heute ist mir beim Mulchen ein Ast mit voller Wucht auf die linke Glasscheibe des Treckers geschlagen. Ich muss sofort den Kundendienst anrufen, das muss gemacht werden, es regnet seit ein paar Stunden. Und ich bin mit Mulchen erst zur Hälfte fertig. Meine Gum-

Die Kirche, in der Talula und ich getraut wurden. Unsere Hochzeit veranlasste den berühmten spanischen Schriftsteller Ferderico García Lorca zu seinem Bestseller »Bluthochzeit«, der auch verfilmt wurde. Ich glaube, mehr brauche ich dazu nicht zu sagen.

mistiefel haben dicke Lehmbrocken an den Sohlen, als ich das Wohnzimmer betrete. Ich will telefonieren. Talula sieht mich aus der Küche mit den dreckigen Stiefeln und schmeißt in Rage ein Beil, mit dem sie immer die Hühnchen für ihre Paella zerteilt, nach mir. Ich ducke mich, zu spät, das Beil steckt in meiner Stirn. Sie schreit wie am Spieß, das wollte sie doch nicht. Wenn ich nicht immer so cool wäre, wäre sicherlich schon ein Unglück passiert. Ich nehme sie in den Arm, sie weint bitterlich, macht sich Sorgen. Ich nehme das Beil raus und haue es in das Sofa, es hat einen Rand aus Holz, so ein Chippendale-Teil. Meine Stirn nähe ich selber, ich habe so eine Reisenähmaschine, so ein kleines Ding, habe ich mal auf der Straße von einem Straßenverkäufer ergattern können. Vier Stiche – und es ist alles wieder gut. Talula sollte sich nicht immer so aufregen. Ich koche heute für sie, es gibt Spiegelei mit Ketchup.

Die Saarlandhalle ist rappelvoll. Pete York ist dabei und Gleithman und Bodo. Unser Weg führt über die zugehängte Tribüne der Sporthalle zu einer eigens für unser Gastspiel aufgebauten Bühne. Pete York hat sich in letzter Zeit angewöhnt, seine Schuhe mit einer Art Salbe einzucremen, damit er schneller zwischen den einzelnen Elementen des Schlagzeuges hindurchflitschen kann, vor allem bei seinem Solo in der zweiten Hälfte. Und genau das ist sein Verhängnis: Er glitscht mit dem rechten Fuß zwischen den Hohlraum am Ende der Tribüne, an der die Bühne beginnt, und bricht sich das Bein. Oberschenkelhalsbruch. Ohne einen Ton gespielt zu haben, bekommt er Riesenapplaus, als er mit schmerzverzerrtem Gesicht von Sanitätern rausgetragen wird. Im Krankenhaus dann erzählt man ihm, dass er nie mehr Schlagzeug spielen kann. Doch damit gibt er sich nicht

Pete York beim FKK-Festival in Schneverdingen

zufrieden. Um den Ärzten einen Streich zu spielen, übt er wochenlang im Kopf. Ohne Instrument. Als er im darauffolgenden Sommer mit mir wieder auf Tournee geht, spielt er noch besser als zuvor.

Was nur der Wille eines Menschen ausmacht. Ich will mir noch dieses Jahr einen neuen Wagen kaufen. Ich habe zwar acht Autos, aber keines will mir irgendwie gefallen. Auch spiele ich mit dem Gedanken, mir endlich einen dritten Hubschrauber zuzulegen. Den Schein habe ich, er muss alle zwei Jahre erneuert werden. Ich fliege meist in der Schweiz und Österreich. Da macht das am meisten Spaß, zwischen den Bergen. Ein unglaubliches Panorama haben diese beiden Länder. Aber auch Deutschland sieht von oben sehr interessant aus. Die Gegend um Frankfurt mag ich besonders. Die mit sich selbst verschlungenen Autobahnen sehen vom Himmel aus wie Würmer. Fallschirmspringen muss man auch können. Meinen ersten Sprung habe ich nicht vergessen.

Ich habe mit einem Trainer zusammen den Sprung gemacht. Ein sogenannter Tandemsprung.

Aber als ich da so im freien Fall in viertausend Meter Höhe vor mich hin segelte, muss ich wohl übermütig geworden sein, denn ich schnitt mich kurzerhand von dem Fallschirm des Trainers los und flog mit dem viel kleineren Notfallschirm weiter. Wenn ich nicht solch gute Nerven gehabt hätte, wäre es zu einem tragischen Ende gekommen. Ein Glück, dass ich so durchtrainiert war, denn nachdem ich abgekoppelt hatte, flog mein Schirm mit mir in hoher Geschwindigkeit gen Boden, und nur mit einer ungeheuren Kraftanstrengung gelang es mir, mit angezogenen Beinen auf dem Maisfeld zu landen. Ich hatte so um die 40 Sachen drauf, als ich aufschlug. Der Mais fing mich aber sanft auf, nur ein paar Kratzer von den harten Blättern trug ich davon. Meine Mutter, die damals immer bei den Absprüngen dabei war, sie konnte selber gut Fallschirm springen und hatte mich erst darauf gebracht, klatschte mir sofort eine, als ich mich mit dem zusammengerollten Schirm an ihr vorbei in den Hangar verdünnisieren wollte. Ich bekam erst einmal Flugverbot, doch mein Betteln um einen erneuten Sprung, diesmal alleine, hatte Erfolg. Dann konnte ich zum ersten Mal einen Hubschrauber fliegen. Das ist wahnsinnig schwer.

Von dem Erlös meiner ersten Schallplatte kaufte ich mir die von Luigi Colani designte Zivilrakete. Ich flog sie drei Jahre lang und war, vor allem wegen des geringen Benzinverbrauchs, immer zufrieden.

Karajan hat nur den Sportflugschein gehabt. Ein Hubschrauber kann plötzlich völlig unkontrolliert umherschwirren, wenn man nicht aufpasst. Als mein Fluglehrer mich zum ersten Mal fliegen ließ, machte er sich allen Ernstes in die Hose. Es stank fürchterlich. Er kackte mehrmals, bloß weil ich den Vogel im Steilflug zweimal vornüber in den freien Fall brachte. Aber das macht Spaß, ehrlich. Nachdem er aber merkte, dass ich es draufhatte, fasste er Vertrauen zu mir und flog seitdem mit mir noch zig Mal, einmal unter anderem mit Reservekanistern nach Libyen. Eigentlich verboten, doch wir hatten meinen Sikorsky mit Tonerde bestrichen und damit für Radar sauber gemacht. Die Libyer konnten uns nicht sehen, obwohl wir uns einen Spaß daraus machten, über dem Vorgarten des Königspalastes zu kreuzen, wo Gaddafi sein Beduinenzelt aufgeschlagen hatte.

Er dachte wohl, es wären seine eigenen Leute, als er das Hubschraubergeräusch hörte, stellte sich mit Zigarette im Mund vor sein Schlafzelt und winkte uns kurz. Ich schmiss ihm beim dritten Überflug einen faulen Apfel auf sein Zelt. Die Wüste ist noch schöner, wie man sie im Fernsehen manchmal in Natursendungen zu sehen bekommt. Die Erdmännchen sind so süß, das ist unglaublich. Morgens der frische Tau lässt einen die Entbehrungen des Vortages während der Mittagshitze vergessen, obwohl unser Kamel gestorben war, zu wenig Bewegung, sagt der Tierpsychologe, auch ein

Mein Weißkopfseeadler und Jagdgenosse »Moses« *(Name geändert)*

Hier gehe ich immer essen.

solches augenscheinlich robustes Tier braucht eine Aufgabe, sonst stirbt es vor Gram.

Ich kann manchmal die Selleriekoteletts, die Talula zubereitet, nicht mehr riechen. Sie kommen zwar aus dem Reformhaus, aber irgendetwas scheint mit den Viechern nicht in Ordnung zu sein. Sie stinken. Dazu gibt es Reis. Reis esse ich gerne. Wenn ich dann alles aufgegessen habe, schleiche ich mich aus dem Haus und gehe essen. Am besten am Bahnhof, da ist eine Pommesbude, die rund um die Uhr geöffnet hat. Dann esse ich Currywurst mit Pommes rot/weiß. Talula tanzt im Wohnzimmer, um sich selbst zu verwirklichen. Wenn es weiter nichts ist, von mir aus. Wie verstehen uns eigentlich gut. Gehen zusammen in den Zoo und, und das finde ich toll, interessieren uns beide gleichermaßen für Briefmarken.

Auch der Dalai Lama sammelt. Das Briefmarkenhobby kann allerdings teuer werden. Wenn man nämlich alle Briefmarken der Welt haben will. Nun gibt es ja die Möglichkeit, diese Marken in Briefmarkensammlerläden zu kaufen. Aber das ist unsportlich, will ich mal so sagen. Derjenige, der unzählige Marken aus aller Herren Länder mit Briefen und Postkarten geschickt bekommt, von Verwandten oder Freunden, der ist ein wahrer König. Das eigene Gefühl für die Seltenheit mancher Marken stellt sich umso intensiver ein, desto zufälliger diese Marken zu dem Sammler gelangen. Leider lässt es meine Zeit nicht zu, Briefmarken zu sammeln. Ich würde schon gerne, aber Talula mag keine Briefmarken. Es ist ihr sooooooooo langweilig, Briefmarken.

Hier geh ich auch immer essen.

Ich erinner mich, dass Gleithman, einer meiner treuesten Begleiter über all die Jahre, einmal im Krankenhaus aufgeschnitten werden musste. Das war in der Türkei, während einer Tournee, ich war damals in Deutschland noch nicht so bekannt. Die Stadt Istanbul lag in der untergehenden Abendsonne, die Straßen waren voller Düfte und Menschen, Bonbonstände an jeder Straßenecke, überall Kaffeetrinker mit ihren kleinen Tässchen, da, plötzlich wurde Gleithman von einer Schlange gebissen! Ich sah das Reptil zu spät, sonst hätte ich mich sicherlich dazwischengeworfen, um ihn zu retten, ich

Sergej Gleithmann

bin Winnetou-Fan. Es biss Gleithman genau in die linke Wange und hinterließ zwei große, blutende Löcher. Ich stopfte notdürftig meine Sommerhandschuhe in die Wunden und fragte auf Türkisch den nächsten Schuhputzer nach dem Krankenhaus. Er erklärte mir, wie ich dahin käme. Mit einer Mofa, die mir jemand lieh, beförderte ich Gleithman so schnell wie möglich ins Klinikum in der Nordstadt, dafür musste ich den Bosporus überqueren.

Ich kam zum Glück noch rechtzeitig an, denn um Haaresbreite wäre Gleithman gestorben, im Krankenhaus wurde dann der Teil des Gesichtes, wo die Schlange reingebissen hatte, entfernt, unter örtlicher Betäubung, vorher wurde Gleithman rasiert. Der Biss war bereits zur zehnfachen Größe gewachsen. Es sah schlimm aus. Doch in dieser Situation hilft nur Humor. »Geht ein Mann zum Arzt, sagt der Arzt: ›Was wollen Sie denn hier, Sie haben doch nichts!‹ ›Das ist es ja, ich hätte ja gern etwas!‹ ›Na gut, hier, Bakterien!‹ Und dann schmiert der Arzt dem Patienten mit irgendeiner Tunke im Gesicht rum, absolut spitzenmäßig, dieser Witz!« So in etwa erzähle ich Gleithman was, damit er nicht so leidet.

Und siehe da, zwei Jahre später sieht man von den fürchterlichen Narben des Schlangenbisses nichts mehr, weil der Bart endlich drübergewachsen ist. Man muss das Leben nehmen, wie das Leben eben ist, das ist ein Sprichwort. Von wem, weiß ich nicht genau. Es könnte Matthias Claudius sein.

Ich kann nicht mehr genau sagen, wann Benny Goodman zum letzten Mal in Europa getourt ist, ich kann nur eins sagen, ich war dabei. Ja, ich begleitete ihn in Schweden, Norwegen und Finnland. Als Schlagzeuger. Ich trug eine Gesichtsmaske, die haargenau die Gesichtszüge von Charly Antolini hatte, dem berühmten Schweizer Schlagzeuger. Es gibt sogar Fernsehaufnahmen davon. Eigentlich wollte Benny Goodman mit ihm spielen, doch ich schloss ihn, nach einem gemeinsamen Konzert im Fernsehen, in seiner Garderobe ein, damit ich seine Rolle übernehmen und mit dem Urvater des Jazz selber zusammen auf Tournee gehen konnte! Wahnsinn. Benny Goodman merkte nicht, dass ich gar nicht Charly Antolini war, ich gewöhnte mir nämlich

Hier ein Foto von Benny Goodman, in Nürnberg aufgenommen, als ich mit ihm unter falscher Identität getourt bin.

sogar den Fahrstil von Charly Antolini an, damit ich auf keinen Fall auffiel. Denn ich fuhr Goodman und die anderen von Gig zu Gig. Wir spielten überall, immer vor vielen Leuten. Keinem fiel etwas auf. Es war mir schon unheimlich. Zwei Jahre später pfuschte ich mich unter die Begleitsängerinnen von Tina Turner, dazu trug ich hohe Schuhe und einen BH, der mit Apfelsinen ausgestopft war. Was man nicht alles tut, um an seine Idole ranzukommen. Ich fand Tina Turner immer spitze. Wenn man sie im Kaufhof am Wühltisch trifft, ist sie eine ganz normale Hausfrau, aber auf der Bühne, auf der Bühne wirbelt sie herum wie ein wild gewordener Handfeger, einfach brutal. Wir schreiben uns oft. Mit Milva hatte ich nichts, ich glaube, die kennt mich gar nicht.

Als mein Vater starb, übernahm ich kurzzeitig seine Yacht in Piräus. Dieser Mann hatte es vom kleinen Laufjungen bei einem mitteldeutschen Schuster zu einem wahren Tycoon in Griechenland gebracht. Zuletzt gehörten ihm über vierhundert Villen und Hochhäuser, davon vier in New York. In einem dieser Häuser, ich erinnere mich, war in der untersten Etage eine Metzgerei. Dort hatte ich zum ersten Mal ein Rind halbiert. Ich war damals sechs Jahre alt und durfte mit nach New York. Ich hatte es nur vergessen, deshalb war ich überrascht, als ich Jahre später erfuhr, dass mein Vater schon öfter in den Staaten gewesen war.

Wir fuhren auch nach Vegas, es war im Jahre 1962, ich war sieben Jahre alt, und sahen uns Elvis an. Mann, hat der eine Frisur gehabt, für damalige Verhältnisse kolossal! Von der Bühne aus holte Elvis immer mal wieder jemanden auf die Bühne, um mit ihm gemeinsam »Love me tender, love me true« zu singen und dabei wie ein

Wahnsinniger zu lachen, weil der andere immer so schlecht sang. Ich meldete mich, und tatsächlich, sein Blick streifte mich kurz, dann folgte wohl so eine Art Aha-Erlebnis bei ihm, und er winkte mir zu, ich solle auf die Bühne kommen. Das ließ ich mir nicht zweimal sagen, mit einem Riesensatz, sodass die vier Security-Typen nervös wurden. Der eine kam auf mich zugerannt und wollte mich wohl umwerfen, jedoch trat Elvis dazwischen und legte den Arm um mich, forderte mich zum Sangeswettstreit auf. Unter lautem Grölen des völlig aus dem Häuschen geratenen Publikums begannen wir gemeinsam mit den jeweiligen Zeilen, immer abwechselnd. Elvis merkte nach einer Weile, dass er mir das Wasser nicht reichen konnte, und auch das Publikum war bereits auf meiner Seite, da versagte ihm kurzzeitig die Stimme ganz vor Aufgeregtheit und ich beendete den Abend mit Songs wie »New York, New York«, »I'm a Soul Man« und »La Cucaracha«. Dazwischen erzählte ich ein paar Dönekes. Elvis kam anschließend zu mir, ich weiß noch genau, ich stand auf dem Flur und bekam gerade einen Strauß Rosen überreicht vom Bürgermeister für den besten Vortrag seit Entstehung der Stadt, und umarmte mich. Er war überhaupt nicht sauer oder so was. Nein, im Gegenteil, er fragte meinen Vater, ob ich nicht mit ihm auf Tournee nach Japan und Philippinen gehen könne.

Mein Vater sagte zu Elvis, dass diese Musik schlecht wäre für junge Leute und dass sie dann am Ende nicht mehr arbeiten gehen wollen, sondern nur noch rumhängen, sich Koteletten wachsen lassen und keine richtige Frau abkriegen würden. Elvis schrieb oft, aber wir schrieben nicht zurück. Das war für mich ein Schlag ins Gesicht. Ich wäre wirklich gerne mit Elvis getourt, war aber noch zu klein, um selbst zu entscheiden, wie mein Leben weitergehen solle. Heute bin ich darüber natürlich dankbar. Nicht auszudenken, wenn auch ich dann später so viel gegessen hätte wie der King, überleg mal, jeden Tag nur Dutzende von Baguettes mit Banane, Erdnusssoße und Schinken und Ei. Und Mayonnaise und Ketchup, dazu Cola, Cola, Cola. Das hält kein Mensch lange aus. Elvis ist dann auch folglich daran gestorben. Seine Frau rief mich um 11 Uhr 22 aus Memphis an und unterrichtete mich von dem Ausfall. Ja, Ausfall, er hätte an jenem Vormittag ein Benefizkonzert für die Zeugen Jehovas geben sollen, bei Ikea USA.

Ich habe zwei Jahre lang einen Kursus besucht für Rhetorik, weil ich mich nicht vernünftig verständlich machen konnte, zum Beispiel bei ganz normalen Gesprächen, wo es um Politik ging, nur schweigend zuhören konnte, ich hatte zwar meine eigene Meinung, die ich aber aus Unkenntnis der richtigen Fachausdrücke nicht äußern konnte. Ist das nicht schwierig? Nun ist das alles lange her und der Kurs hat sich in gewisser Hinsicht schon das ein oder andere Mal bewährt. Talula isst für ihr Leben gerne Fleisch, doch kauft sie es nur beim Bio-Metzger. Aus diesem Grund kann man sie getrost »Vegetarierin« nennen. Kurz und gut, sie ist stolz auf mich und unsere Kinder, die alle sprechen können, außer die Kleinste. Aber die lernt das schon noch, wir gehen oft mit ihr auf die Straße. Dort hören wir ein Gemisch aus Türkisch, Russisch, Afrikaans und Deutsch. Wir sprechen mit ihr Spanisch, also wächst sie fünfsprachig auf, und das ist gut so. Es ist aber für einen Entertainer wichtig, dass er in der Sprache, in der er seine Auftritte konzipiert, gut ist.

Ich versuche, in mehreren Sprachen gleich gut zu sein,

Komm, hier
Khasse ne Mark!

doch schwer war das 1987 in Wales. Diese typisch englische Landschaft verbirgt für einen Laien mancherlei Gefahren. Nicht nur die vielen Schafe, die plötzlich einfach über die Straße hoppeln, wann sie wollen, sondern vor allem die merkwürdige Sprache, in der sich Englisch mit einer Art selbst erfundenen Sprache mischt. Als Fremder ist man da aufgeschmissen. Und so geschah es, dass unser erster Auftritt eine Katastrophe war. Nachdem ich ein paar Songs von Stevie Wonder zum Besten gegeben hatte, mit Sonnenbrille, schmiss der Erste eine Flasche Bier auf die Bühne. Dann folgten alle anderen. Ich hatte zum Glück nur kleine Verletzungen davongetragen, doch unser damaliger Schlagzeuger *(der Name muss geheim bleiben, falls er noch lebt)* starb an diesem Abend noch auf der Bühne an seinen schweren Verletzungen, die man ihm mit zig schweren Flaschen zugefügt hatte. Er war Atheist, und als ich mein Ohr zu dem Mund des Sterbenden runterbeugte, um seine letzten Worte zu hören, sagte er nur: »Charly, ich bin ein Christ ...« Dann verschied er. Es erinnerte mich so sehr an eine Szene aus Winnetou I von Karl May, dass ich es nicht glauben wollte, was da soeben passiert war. Ich hieß doch gar nicht Charly, aber er verwechselte mich sicherlich mit Charly Watts, dem Drummer von den Rolling Stones.

Die Tournee durch England war sehr anstrengend, ich musste ja jetzt den Schlagzeuger ersetzen und gleichzeitig vorne agieren als Sänger und Interpret. Doch dabei erfand ich so schöne Lieder wie »Es hat gefunkt bei mir« und »Telefonmann«. Besonders zu »Es hat gefunkt bei mir« gibt es eine wirklich interessante Story. Ich war allein in meinem kleinen Hotel mitten im Londoner East End, hatte bereits Dinner gehabt und war mit meinem Tee beschäftigt. In der Zeitung stand eine Kritik meines Auftrittes vom Vortag, nichts Besonderes, nur wieder eine Huldigung, wie all die anderen Artikel in den schäbigen Tageszeitungen der Insel. In dem Artikel wurde besonders mein Song »Mädchen wollen küssen« als neuer Superhit des modernen Rock and Roll besprochen, der Autor hatte allerdings nicht richtig zugehört, weil er nämlich die zweite Zeile falsch aufgeschrieben hatte. Dort heißt es »Mädchen wollen küssen, Jungens aber auch«, und er hatte daraus gemacht: »Mädchen wollen ficken, Jungens aber nicht.« Was sinngemäß richtig ist, aber in meinem Song werden solche Missstände ja ad abstraktum geführt. Was heißt das eigentlich? Es ist doch nur eine Minderheit, die vor der Ehe was will.

Na ja, ich saß also auf dem Badewannenrand und sinnierte noch über den Wetterbericht, da schoss jemand mit einem Kleinkalibergewehr durch das Badezimmerfenster. Ich duckte mich schnell, als ich die Scheibe bersten hörte. Die Kugel bohrte sich in den Toilettenkasten. Das Wasser lief aus dem kleinen Loch hinaus, und der Boden des Badezimmers wurde nach einer kurzen Weile überflutet, das Wasser durchdrang die Decke und versaute die unteren Etagen, aber erst spä-

Allein an der Hoteltür

ter. Ich packte meine Sachen und verließ das Hotel, ohne etwas von dem Schaden zu sagen. Als ich in Deutschland auf meinem Landgut eintraf, bemerkte ich, als ich das äußere Tor mit meiner Limousine durchquerte, eine Art Zettel, der in weiter Ferne vor mir an der Haustür meines Nebenhauses, in dem ich manchmal residiere, angeklebt war. Mein Fahrer machte mich drauf aufmerksam. Und dann hat es bei mir gefunkt! Ich wohnte deshalb im Nebenhaus, weil ich zu der Zeit die königliche Familie des Königshauses von Schweden bei mir beherbergte, kein anderer hatte solch repräsentative Räumlichkeiten zur Verfügung, es war ja noch zu Willy Brandts Zeiten. Die schwedische Königin war sehr apart, manchmal saßen wir stundenlang in meinem kleinen Gartenhäuschen und ließen ihren Mann, den König von Schweden, gar nicht rein. Er sollte uns ja nicht stören.

Wir machten aber nichts. Und wenn doch, würde ich das hier an dieser Stelle nicht sagen, weil Silvia sonst nachträglich noch Ärger mit Schweden bekommt. Also, auf dem Zettel stand nicht viel, nur das eine Wort: »shaving«. Was soll das? Ich dachte nach. In England hatte ich mich nicht rasiert. Die ganze Tournee über, weil ich ein bisschen wie Räuber Hotzenplotz aussehen wollte, ich mag diesen ungehobelten Klotz. Genau so wollte ich sein. Eine Kaffeemühle klauen, wie kommt man denn auf so was!? Und jetzt wollte man mir irgendwie sagen, dass ich mich rasieren solle. Merkwürdig. Diese Anordnung kam tatsächlich, wie sich später herausstellte, aus dem Vatikan. Das muss man sich mal vorstellen! Dadurch, dass ich die Jugend in England und auch woanders auf meiner Seite hatte, hatte ich auch Verantwortung.

Der Vatikan befand, dass es wichtig ist, dass ein Mann mit solch einer Verantwortung auch als Vorbild wirken

Unser Haus von hinten

solle, und dazu gehört ein glattes Kinn. So einfach ist das. Ich rief noch am selben Abend nach dem Essen Papst Johannes Paul den 2. an. Er war damals Papst geworden, nachdem wir uns mal auf der Skipiste kennengelernt hatten, in Slowenien, wo er immer billig Urlaub machte. Er hatte mich seinerzeit mit seinen Skiern über den Haufen gefahren, typischer Müdigkeitsfehler. Wer den ganzen Tag nur immer mit dem Lift nach oben fährt und dann runter mit Ski, der ist nach 16 Uhr müde. Er war praktisch eingeschlafen, nur eine Sekunde, aber das reichte, um mich über den Haufen zu fahren. Ich schimpfte sehr mit ihm, wusste ja nicht, wer er war. Abends kam er mich mit seiner Frau besuchen. Er war damals noch verheiratet, als er dann Papst wurde, hat er seine Ehe annullieren lassen, sonst geht das ja nicht.

Er war ein netter Typ, hatte Ahnung von vielen Sachen, kannte auch Elvis und Erika Pluhar, spielte auch ein wenig Klarinette und hatte bei den Original Oberkrainern mal in der Anfangsphase mitgemischt. Als das Fernsehen sie für sich entdeckte, stieg er aus der Band aus, weil er nicht reisen wollte. Nachher, als Papst, reiste er allerdings zig Mal um den ganzen Erdball. So wie ich. Die Musik bringt einen wirklich überallhin. Seine Frau war allerdings ein Besen. Nur grantig war sie. Ich hatte mal ein Gastspiel auf einem Containerschiff, weil ich dort Anteile gekauft hatte, das Unternehmen pleiteging und der Käufer des Kahns sich bei mir meldete, ich müsse nun das Geld, was ich damals hineingesteckt hatte, abarbeiten. Wir sehen, Finanzkrisen gab es immer schon. Wenn auch sehr individuell. Auf jeden Fall habe ich sie dort wiedergesehen, sie kochte Kaffee für die Mannschaft und nachts gab sie sich für fünf Mark den Jungs hin oder pokerte mit ihnen bis in den frühen Morgen. Ich nehme an, sie wollte noch irgendetwas nachholen, was sie anscheinend damals verpasst haben musste.

Man könnte denken, ich quatsche hier so vor mich hin, aber nein, alles hat seinen Hintergrund.

Mit beiden Händen stütze ich mein Gesicht auf die Ellenbogen und stiere in die Glut. Das verdorrte Holz im Kamin malt mit seinem Feuer die schönsten Fernsehprogramme. Ich könnte stundenlang da reingucken. Gedanken plagen mich, zum Beispiel, warum tritt Grönemeyer in Stadien auf oder Westernhagen und ich mal wieder nicht. Warum muss ich in kleinen, nach Domestos stinkenden Stadthallen mein Dasein fristen. Mit einer

Vor der Metropolitan Opera in New York stehen schon bei den ersten Sonnenstrahlen die Fans und warten darauf, dass endlich die Kasse öffnet.

Handvoll Zuschauern, die es wagen, dahin zu gehen. Das macht sich doch am Ende auch im Portemonnaie bemerkbar. Bei denen. Und ich? Ich grübele und grübele, was habe ich nur falsch gemacht. Das Feuer wärmt meine Unterschenkel, ich habe den Bademantel an, den ich 1996 im Parkhotel Bremen geklaut habe. Ob Grönemeyer auch klaut? Oder Roberto Blanco?

Klauen am Ende alle? Plötzlich klingelt meine auf dem Dach installierte Alarmanlage. Ich schrecke auf. Stürze nach oben in meine Sternwarte, die ich mir vor ein paar Jahren mit der Hilfe von Professor Kaminski von der Sternwarte Bochum eingerichtet habe. Und da sehe ich auf dem Aufzeichnungsvideo, dass ich schnell zurückgespult habe, die beiden zusammenstoßenden Satelliten! Ein Jammer, der eine war noch so gut wie neu. Amerikaner und Russen stoßen im All zusammen, ich sehe bereits die Schlagzeile. Aber nachdem ich die Filme öfters hin und her gespult habe, kann ich keine direkte Gefahr für die Erde erkennen. Noch mal Glück gehabt. Ich ziehe mich an, will mal rausfahren, zur Apotheke, Pflaster holen, falls mal was ist.

Im Wagen sitzend, es handelt sich um einen Mittelklassewagen fernöstlicher Herstellung, mit meinem Mantel von Woolworth und den aus dem Internet bestellten Schuhen, sehen mich ein paar normale Leute, sie winken mir zu, ich winke zurück. »Horst! *(hiermit ist mein Chauffeur Willy gemeint!)*, fahren Sie bitte zunächst zur Stadtverwaltung, Einwohnermeldeamt, ich möchte meine Ente abmelden.« »Jawoll, Chef!« Horst ist auch unser Gärtner. Ich hab ihm Unterricht gegeben. Er spricht jetzt fließend Deutsch. Er kommt ja aus einer anderen Gesellschaftsschicht, wo man nicht so gut alles artikulieren kann. Mit meinem Rhetorikkurs habe ich die Möglichkeit, auch anderen zu helfen. Horst hat sogar schon beim Arbeitsamt gesessen, und, als er dann drankam, konnte er sagen, wer er ist, und die Absage entgegennehmen. Ich erinnere mich, als ich in meiner Jugend beim Arbeitsamt war, zur Berufsberatung, fragte ich, ob der Beruf des Millionärs noch zu haben ist, daraufhin verwies mich der Sachbearbeiter an die Lotto-Annahmestelle.

Heute kann ich darüber lachen, aber damals war es für mich ein schwerer Schock. Horst steuert den Wagen über den Markt, da warten schon wieder welche, die »Katzeklo« hören wollen und denen ich auch Autogramme geben darf. Ich habe immer an die Tausend dabei. Dann schreibe ich immer schön ordentlich alles, was die haben wollen, drauf. Es ist jemand dabei, der mich fragt, ob ich ihm versprechen kann, dass bald Kabelfernsehen zu ihm kommt, er wohne etwas außer-

Diese Hazienda in Mexico habe ich gekauft, um sie abzureißen und in eine Einkaufszone umzubauen, denn die Mexikaner brauchen auch schöne Anziehsachen und Schmuck und Apotheken etc. Man muss auch an die Zukunft denken. Werde ich immer auftreten können?

halb, und ich kenne doch auch Leute vom Amt. Ich beteure, dass ich nichts damit zu tun habe, und Horst gibt Gas. Kleine Steinchen treffen den Mann am Hals, als dem Wagen die Räder durchdrehen. Er ist natürlich sauer und versucht, die anderen, die auf meiner Seite sind, gegen mich aufzubringen. Von Weitem sehe ich, wie sie ihn verhauen. Ja, so ist es. Ich polarisiere eben. Das haben immer schon welche gesagt. Mir ist egal, was die alle sagen.

Ich will gar nicht polarisieren. Ich will nur meinen Job machen. Die Ente ist schnell abgemeldet, im Verkehrsamt kennt man mich, ich war eine Zeit lang täglich zum An- und Abmelden meiner vielen Peugeots da. Ich melde dafür meine Honda an, es kommt jetzt die Saison, wo man mehr Motorrad fährt. Ich habe die 50 ccm starke Maschine des Japaners auf einen Liter aufgebohrt, dabei habe ich aus Versehen ein Loch in die Zylinderwand gebohrt, aber dann wieder zugelötet. Das Ding geht an die zweihundert. Nur darf ich mich nicht erwischen lassen, wegen dem kleinen Nummernschild. Als Bremse nehme ich die Motorradstiefel, habe sie mit Eisen verstärken lassen. Ist sicherer. Wenn ich bremse, zum Beispiel an einer Ampel, sieht man immer einen Haufen Funken aufsteigen. Ich mag Ellington, aber auch Led Zeppelin oder Heino. Finde ich alles gut. Elvis, Maria Hellwig und Lee Marvin. Oder GG Allin. Den finde ich sehr gut. Er kackt auf der Bühne, nackend, und dann reibt er sich die Kacke ins Gesicht und geht auf die Zuschauer zu. Die verprügeln ihn dann, aber zaghaft, weil sie ihn nicht anfassen wollen. Er ist aber schon tot. Ich denke, er hat keine Nachfolger.

Musikalisch war das vielleicht ein Außenseiter. Heute wird Darwin zweihundert Jahre alt. Damit belegt er seine Theorie. Ich kaufe fünf Brötchen, davon esse ich zwei, die anderen drei wärme ich morgen auf. Meist Leberwurst, oder auch Salami. Ein gekochtes Ei. Talula isst morgens meistens mit, wenn sie aus dem Bett kommt. Sie isst dasselbe. Morgen fahre ich mit Bodo und Gleithman auf Tournee. Die anderen stoßen dann in Bielefeld zu uns. Wir präsentieren eine neue Show. Mit haargenau denselben Songs wie immer. Seit mittlerweile zwanzig Jahren singe ich »Katzeklo«.

Dies ist der Sessel, auf den ich mich setzte, als ich über das Radio erfuhr, dass ich über 300.000 Schallplatten von »Katzeklo« verkauft hatte.

Und das soll auch noch zwanzig Jahre oder mehr so weitergehen. Jeder, der selber Musiker ist, wird mir bestätigen, wie schwer dieses Stück ist. Ob wir es jemals richtig spielen können, im Sinne des Komponisten? Der Komponist war nämlich nicht ich, sondern Kommissar Zufall gewesen. Was ist, schon wieder Holz alle? Ich muss nachlegen.

Ich warf mich in den Mercedes und ließ den Motor aufheulen. Mal wieder waren Fans hinter mir her, sie wollten immer diese Fotos machen mit ihren verdammten Handys, das klappt dann meistens nie. Das dauert manchmal bis zu zehn Minuten, bis diese Leute ihre Handys überredet haben, eine Aufnahme zu machen. Dann wird sie verwackelt oder man guckt gerade weg. Es ist furchtbar anstrengend. Deshalb habe ich mir vorgenommen, überhaupt keine Fotos mehr zu machen. Vor allen Dingen nicht, wenn ich irgendwo einkaufen gehe oder schwimmen. Ich weise nochmals darauf hin: Die Fahrertür des Wagens ist von unten fast bis zum Fensterrahmen durchrostet, ich habe sie mit Silberpapier überklebt und weiß angemalt, damit bin ich schon zweimal durch den TÜV gekommen. Ich halte an einem Würstchenstand, kaufe mir zwei Bratwürste, mit Brötchen und Senf. Verschlinge sie, habe nach dem Auftritt nichts mehr zu essen bekommen. War heute der Wurm drin. Pete, unser Schlagzeuger, ist bei einem sehr leisen Stück vom Stuhl gefallen, alle haben gelacht, aber er hat sich das Gesicht total ramponiert.

Warum er umgekippt ist, weiß man nicht. Ich vermute, die äußerste Konzentration auf meine Aussprache beim Singen hat ihn vergessen lassen, dass er sitzt, und so ist er einfach zur Seite weggekippt. Er ist bereits in Behandlung. Die Zähne sind raus. Ich frage mich, ob die echt waren überhaupt. Ich habe ein paar Kronen und auch noch Plomben, also Füllungen. Bis jetzt habe ich noch fast alle Zähne. Außer einem Weisheitszahn und einem Backenzahn. Die Entfernung des Weisheitszahnes war eine Offenbarung, der Arzt hat zwischendrin einen Whiskey trinken müssen, weil der nicht rauswollte. Ich glaube, der hat mehr gelitten als ich, ich kann solche Schmerzen eigentlich ganz gut vertragen, fast drei Stunden hat der Arzt in meinem Mund rumgefuhrwerkt. Sechs Wochen lag ich flach. Ich hatte viel Zeit, über mein Leben nachzudenken. Und dann, als die Zeit vorbei war, hatte ich das Gefühl, die ganze Zeit an nichts gedacht zu

Zwei Tage lang sitzen Fans vor meinem Anwesen und warten darauf, dass meine Zahnschmerzen von der Extraktion des Backenzahnes abklingen und ich sie wieder von meinem Balkon im dritten Stock mit einer kleinen Ansprache erfreuen kann.

haben. Ich dachte wahrscheinlich nur daran, eine feste Mahlzeit zu mir zu nehmen, das ging nämlich die ganze Zeit nicht. Der Merzedes trug mich unversehrt nach Hause, obwohl auf der Gegenfahrbahn ein Geisterfahrer in einen anderen gerast war.

Die Autobahn war leer, eine geisterhafte Stimmung legte sich auf die beiden Autowracks. Es war nachts, und es regnete stetig einen verschmutzten Schleier. Jetzt dachte ich daran, dass jeder in solch einem Auto sitzen könne, und fuhr etwas langsamer und vorsichtiger. Auf der rechten Spur. Zumal ich mit Sommerreifen bei Temperaturen unter dem Gefrierpunkt fuhr. Wenn vor mir ein Lkw auftauchte, versuchte ich, zunächst sein Tempo aufzufangen, indem ich langsamer wurde, wenn dann wirklich keiner von hinten kam, überholte ich mit Vollgas, um mich dann schnellstens wieder auf der rechten Spur einzufinden. Zu Hause erwartete mich ein fertiges Schnitzel aus dem Reformhaus mit Kürbisgemüse. Ich dachte, so verrückt ist das Leben. Ich tat so, als würde es mir sehr schmecken, schmatzte laut, dass Talula es mitbekommt. Sie lag schon im Bett und hatte ihre Schlafbrille auf, die ein Innenfutter aus Gelee hat. Auch hatte sie sich, wie oft, eine Gurkenmaske gemacht, damit sie am nächsten Tag schöner aussieht. Ich finde das furchtbar, traue es mich aber nicht, es zu sagen.

Ich sage zu ihr: »Das sieht sehr gut aus, die Gurkenmaske macht dich um Jahre jünger!« Sie guckt mich dann ungläubig aus ihren Gurkenscheiben heraus an und schüttelt den Kopf. Na gut, dann glaubt sie mir das eben auch nicht. Das Schnitzel ist natürlich aus Sellerie. Ich lasse es im Klo verschwinden. Deshalb muss wahrscheinlich regelmäßig der Klempner kommen. Das verstopft manchmal die Abwasserrohre. Das Kürbisgemüse schmeckt dem kleineren Hund. Er frisst alles. Er heißt

Ich grille für mein Leben gern.

»Zippy« *(ist nicht der richtige Name, versteht sich)* der andere Hund *(den Namen sag ich gar nicht erst)* isst nur Fleisch, ich versuche manchmal, etwas aus seinem Napf zu ergattern. Dann schleiche ich mich auf allen vieren an und tue so, als wäre ich ein Artgenosse, um ihn abzulenken. Dann sage ich laut »Sitz!« zu ihm und hole mit der Hand die guten Stücke aus dem Napf. Talula holt nur beim Biometzger für ihn ein. Ich gehe dann in mein Pfeifenzimmer, wo sie eigentlich nicht reindarf, und hau mir die Dinger in die Bratpfanne, die ich heimlich gekauft habe, so wie den Einplattenherd hierfür. Pfeifenzimmer, so'n Quatsch, ich rauch doch gar keine Pfeife, aber das braucht Talula nicht zu wissen. Nur die Kinder kennen mein Geheimnis, sie essen alle Fleisch. Ab und zu gebe ich Partys in meinem »Pfeifenzimmer«, wir sitzen dann da und essen Koteletts oder Steaks. Einmal kam Talula unangemeldet rein, geistesgegenwärtig blies ich ihr schnell eine Ladung Pfeifenrauch ins Gesicht, sodass sie nichts mehr sehen konnte. Für solche Zwecke habe ich nämlich immer eine oder zwei Pfeifen auf Stand-by.

Europa war wenige Tausend Jahre nach Ende der Eiszeit zu einem dicht bewaldeten Forst geworden. Daher rühren noch ein paar Bäume in der Stadt. Ja, tatsächlich, sie sind direkte Nachkommen der Kontinentaleichen des Tertiärs. Aber auch Fichten und Tannen zeugen noch von diesem Urzeitforst. Im Meer besiedelten riesige Heringsschwärme das kalte Wasser. Da der Ozean sich aber immer mehr erwärmt hat in den letzten Jahrzehnten, und vor allem im letzten Jahr, sinkt die Zahl der Heringe bedrohlich. Wovon will der Mensch, der sich selbst ja als Krone der Schöpfung bezeichnet, denn leben, wenn sogar Rollmöpse demnächst schier unbezahlbar sind? Ich sage, die Menschen selber sind schuld an ihrem Untergang. Und so wird es auf jeden Fall kommen! In ein paar Jahrtausenden denkt man mit Wehmut an unsere Zeit zurück, als die Menschen noch Hosen und Hemden trugen. Denn dann wird der Mensch eine Art Fischhaut haben und ein paar kurze Haare auf der Nasenspitze, mit denen er Radar empfängt. Chips sind dann in verschiedenen Körperzonen einoperiert, mit denen man fernsieht, spazieren geht, ohne die Liegefläche im Parterre des atmenden Hauses zu verlassen, die Zeit wird alle zwanzig Minuten um eine Stunde vor- oder zurückgestellt, damit Züge nicht pünktlich sind, was immer das auch heißen mag, die Neuzeit wird ein Fiasko für die Fantasie. In der Netzhaut sind Wege und Autobahnen implantiert, die virtuell abgefahren werden können, nur aus Langeweile wird man Tennis spielen, aber dafür benötigt man nur den Tennisarm, den einem ein Arzt, den es nicht gibt, verschreibt, auf einem gelben Blatt Papier malt man sich selbst ein Passbild, mit einem Strich, es wird aussehen wie eine Fotografie, so exakt kann jeder Mensch alles, auch Malerei und Klavierspiel.

Konzerte finden dann unter Wasser im Atlantik statt, Grönemeyers Erben haben Taucheranzüge an, seit Geburt, das heißt etwas stärkere Fischhäute, sie singen in der Tiefe von alten Zeiten, als der Bäcker noch

Brot buk, anstatt über Computer in die Haushalte zu liefern. Das Brot wird aus einer Art Drucker kommen, ein Brotdrucker, vorher wird es in der Bäckerei gescannt. Die Arme der Menschen sind zehn Zentimeter kurz, sie müssen nur an ihren Bauch reichen, um abzumessen, ob sie noch leben oder verhungert sind. Es gibt keine Gefühle mehr, nur Reaktionen. Ich vermute, dass das den Leser nicht interessieren wird, trotzdem muss ich ihn ja aufklären. Und noch eine Prognose: Man wird über vierhundert Jahre alt. Aber nur, wenn man einen decodierten amperemetrischen envelope-follower in einem kleinen Plastikkoffer bei sich trägt. Natürlich nur Adeligen vorbehalten. Und Stars, so wie ich. Oder von mir aus auch Angelina Jolie. Leute wie die haben dann aber keine adoptierten Kinder mehr, das wird verboten sein. Zu gefährlich. Die könnten Fragen stellen.

Talula hat vergessen, den Wasserhahn im Badezimmer abzustellen. Nach einer dreiwöchigen Tournee komme ich nach Hause und finde das Haus verändert vor. Die erste Etage ist in sich zusammengefallen und um das Haus ist nun ein See. Sogar zwei Enten schwimmen da herum. Es riecht nach Badeschaum. Und Unrat. Das Wasser hat den Müll, der neben dem Haus gelagert wird, bis er einmal im Vierteljahr abgeholt wird, mit sich gerissen und in der ganzen Gegend verteilt. Ich hole mir einen Schlag, als ich mit bloßer Hand in das Wasser greife, um ein Elektrokabel herauszufischen. Ich muss den Hauptschalter umlegen, dazu muss ich irgendwie dahin gelangen, er ist im Keller. Ich fahre in die Stadt und besorge mir Isolierhandschuhe und Holzpantinen. Damit gewappnet steige ich in den Keller ein, an einer Stelle, wo es noch trocken ist, weil dieser Teil des Hauses später gebaut worden ist und höher liegt. Ich erreiche den

Hauptschalter, und mit Mühe lege ich ihn um, es knallt furchtbar aus der Küche, später finde ich heraus, dass das die Geschirrspülmaschine war, die noch lief. Talula ist mit ihrer Freundin »La Spezia« *(Name geändert!)* ein paar Wochen nach New York geflogen, shoppen und eventuell Permanent-Make-up für die Augenbrauen machen lassen, bei Ed Hardy, das machen alle, sagt sie. Ich finde es hässlich.

Aber ich bin altersweitsichtig, ich sehe das sowieso nur von Weitem. Beim Geschlechtsverkehr schaue ich sowieso immer nur auf die Uhr. Das Haus ist ruiniert, ich lasse es abreißen. Als Talula nach Hause kommt, findet sie die Adresse nicht und flippt diesmal völlig aus. Sie schnappt total über, und ich muss sie, nach etwas Suchen, wobei mir die Polizei hilft, aus dem Landeskrankenhaus freikaufen. Gerne hätten die sie dabehalten, sie ist Privatpatientin. Zu Hause kann ich sie nicht gesund pflegen, denn wir haben erst mal kein Zuhause mehr. Wir ziehen so lange ins Hotel, bis das Haus neu aufgebaut ist. Ein bekannter Architekt, Sir John Barkley, setzt sich mit mir zusammen an die Realisation. Wir zeichnen zunächst den Tischtennistrakt, dann den Sportraum und das Schwimmbad, anschließend die

Das Haus muss abgerissen werden, nachdem Talula die Badewanne hat überlaufen lassen. Doch ich kann erstmals meinen 954er einsetzen, meinen Langhub-Bagger.

Der herrliche Ausblick von meiner Studioetage
auf den Garten ist geprägt durch die Ideen, die ich hatte,
um das Riesengrundstück interessanter zu gestalten.

Rendezvous-Bar mit Papageiengelände und das Seelöwenbaby-Aquarium mit Freigehege. Dann versuchen wir, das Esszimmer geräumig genug zu gestalten, damit die Kellner genug Platz haben zum Tranchieren. Es macht Spaß.

Ich finde gar nicht schlecht, was ich da zu Papier bringe! Am schönsten ist mir aber das Schlafzimmer gelungen, ein Paradies aus Muscheln, Igelstacheln und Papayakernen à la fantasia. Getrocknete Orangenschalen liegen auf der marmornen Fensterbank, und Schildkrötenpanzer bedecken sanft die Fußbodenränder an der Elchledertapete. Die Gardinen sind circa eine Million lebendige Seidenraupen der Gattung »silk doctor« aus China. So etwas Bunt-Rotes habe ich noch nie gesehen. Die scharfen Einfuhrbestimmungen haben wir mithilfe der Bundesregierung umgehen können. Nun wäre zu überlegen, ob wir uns einen großen Waran aus Galapagos als Wachhund anschaffen, unsere Nachbarn, die sechzehn Kilometer weit weg wohnen, haben einen

Pfau, der ist blöde. Der macht immer einen Riesenkrach, wo gar keiner kommt. Aber die Idee, einen Arbeitselefanten anzustellen, haben sie von mir. Deshalb will ich jetzt keinen mehr, ich will kein Nachahmer sein. Bei uns versehen ein paar Gärtner die Gartenarbeit. Und natürlich mein Kran. Die hoch wachsenden Bäume können nur mit dem Kran gefällt werden. Ich freu mich schon auf das diesjährige Osterfeuer, wir haben mindestens zehn Hektar Wald gerodet, für meinen Privatflugplatz. Das gibt 'ne hohe Flamme, sagt Talula.

Mein Klavierstimmer ist Chinese. Zumindest hat er sich einen chinesischen Pass ausstellen lassen, das war nur mithilfe des Auswärtigen Amts und der Geheimdienste beider Länder möglich. Nun hat er den Status eines Konsuls, darf daher ohne Check das Flugzeug in Peking verlassen und auch Waren, zumindest so viel er tragen kann, mit an Bord nehmen. Keiner guckt in seinen Sachen rum. Er hat das deshalb gemacht, damit er Esswaren aus China mit nach Deutschland nehmen kann. Er meint, die Chinesen hätten eine viel reichhaltigere und nahrhaftere Landesküche. Nun muss ich sagen, China ist so groß, da kann man in einem ganzen Menschenleben überhaupt nicht so viel essen, wie es da an Spezialitäten gibt. Aber mein Klavierstimmer, dessen Name hier nicht genannt werden darf, isst für sein Leben gern zum Beispiel original Kanton-Ente. Mit Morcheln und Bambussprossen, Erdnusssoße und Litschis. Er hat eine

Freske eines italienischen Könners in Talulas Badezimmer

besondere Art, meine Flügel zu stimmen, wie es kein Zweiter weltweit macht. Er stimmt die Spezialflügel aus meiner Sammlung nämlich so, dass besonders viele Leute zu den Konzerten kommen. Wenn ich die Stimmung verraten würde, würden Leute wie Phil Collins oder Elton John, der ja ein guter Freund von mir ist und trotzdem nicht weiß, wie meine Spezialstimmung ist, weit mehr Publikum haben, als sie sowieso schon haben.

Und überhaupt, ich selbst weiß ja auch gar nicht, wie die Stimmung funktioniert. Ich weiß nur, es ist das A und O eines Pianisten, seine Stimmung muss zu seinem Typ passen. Genau wie eine Brille oder ein keckes Hütchen. Meine Brillen lasse ich in Dabringhausen bei einem kleinen Optiker der Mittelklasse herstellen, weil ich eben ein eigener Typ bin. Um mein Gesicht als besonderes Gesicht im Wirrwarr der Neuzeit herauszustellen, bedarf es nur der Mittelklasse. Weil mein Gesicht sowieso schon unverwechselbar ist. Und zwar durch meine Haltung. Die Haltung, mit der der Kopf auf dem Hals sitzt, ist entscheidend für ein gutes Aussehen. Er kann durchaus etwas durchhängen. Und dann die Basics: nur ein einfaches Hemd, eine Jeans – und fertig ist der Mann

Diese »Gitarre« hat Christoph Schlingensief, das Enfant terrible der deutschen Theaterszene, mir aus Simbabwe mitgebracht.

von heute, ach, noch Schuhe. Es müssen Schuhe sein, in denen der Fuß sprechen kann. Also mit Bewegungsfreiheit. Nichts ist furchtbarer als ein zu kleiner Schuh, wenn man viel laufen muss.

Ich trainiere täglich bis zu vierzig Kilometer Bühnengang. Elvis hat das überhaupt nicht gemacht, das wurde ihm zum Verhängnis. Er war aber ein Naturtalent. Seine Stimme, die ein unverwechselbares Timbre aufweist, ist bis heute nicht analysiert worden. Es geht nicht. Ich schätze, bei 400 Hertz hatte er manchmal kleine Irritationen. Dann ging es wieder bei 800 Hertz los. Die Stimme vibrierte so merkwürdig. Aber genau das ist sein Erfolg, seine Stimme. Nicht die Hüftschwünge, das allein genügte nicht. In Filmen sieht er immer so aus, als hätte man ihn zu dick geschminkt. Das stimmt auch. Aber ohne Schminke wäre er nicht zu filmen gewesen. Seine Haut war sehr glatt, und das Filmlicht, das ja so stark ist, hätte sich dermaßen gespiegelt, dass Elvis weg gewesen wäre, nachdem der Film entwickelt worden wäre. Unsere Grüße an ihn gehen jetzt ins Jenseits, wo er immer noch singt.

Ich hänge oft bei Prêt-à-porters rum. Die neueste Mode ist mir immer noch zu oll. Die vereinzelt sehr dünnen Models sind ja nur Kleiderständer für die Couturiers. Trotzdem haben sie etwas Bestimmtes an sich. Charme kann man es aber nicht nennen. Es ist eher vampirmäßig, was da kommt, mit einer überdimensionierten Jacke mit ausladenden Schultern wie gezeichnet. Sie haben so einen Zug um den Mund, der nichts von ihrer Persönlichkeit verrät. Was haben die denn wohl privat zu Hause für Sorgen? Das darf der Kunde nicht wissen. Deshalb haben sie immer den Mund etwas offen, aber sagen nichts. Sie zeigen uns, wie man aussieht. Die Frauen, die solche Veranstaltungen besuchen, sind neidisch. Deshalb dürfen die die nicht anfassen. Es könnte Mord und Totschlag geben. Diese eifersüchtigen Gestalten wollen nur provozieren. Der jeweilige Schöpfer der verschiedenen Modeauswüchse kommt ganz zum Schluss dazu, im Eiltempo kommt er angerannt und seine Haare fliegen immer locker und duftig über der Kopfhaut.

Wenn er welche hat. Es ist Mode, sich zu rasieren, und zwar überall, also auch auf dem Kopf. Und Einschmieren mit Olivenöl oder Ähnliches ist in. Einmal ist eine der Damen umgeknickt und wurde sofort entlassen. Ob sie jetzt an einer Supermarktkasse sitzt und den Männern die Köpfe verdreht? In einem Kassiererinnenkittel sieht die Sache allerdings schon anders aus. Wann wird denn mal endlich Mode gezeigt, die man auch alltags anziehen kann? Diese Casuals, wie man sie nennt, kommen viel zu selten auf den Laufsteg. Ich war zuletzt in Paris, bei den großen Schauen der bekannten Couturiers. Teuer, aber für mich ist es ein verdientes Wochenende in dieser wunderbaren Modestadt. Nach den vielen Auftritten vor weniger nett gekleidetem Publikum habe ich mir das immer mal wieder verdient. Auch Talula interessiert sich für Mode. Sie ist vernarrt in Donatella Versace. Sie ist für sie ein Riesenvorbild, nicht nur äußerlich. Wie oft hat Talula ihren Bruder dazu animieren wollen, auch Modeschöpfer zu werden, wie eben der Bruder von Donatella Versace einer war. Er ist ja von einem Irren abgeknallt worden auf dem Höhepunkt seiner vielversprechenden Karriere. Die Vögel zwitschern schon, es wird wohl Frühling werden.

Ich denke daran, das Vogelfutter zu kürzen. Sie müssen selber Futter suchen, sonst haben sie keine Chance zu überleben. Bei uns sind viele verschiedene Vögel heimisch, angefangen vom Star bis zum Kleiber. In unserer

Mich umgibt immer ein Hauch von Las Vegas, hier mit dem leider getöteten, aber sehr lieben Rudolf M. und seiner Mutti.

langen Weißdornhecke sind gleich mehrere Generationen Zaunkönige zu Hause. Und im Geräteschuppen ist das Hornissennest. Ich habe keine Angst vor diesen majestätischen Tieren. Sie werden gerade heutzutage gebraucht. Sie sind ein ernst zu nehmendes Bindeglied zwischen Mensch und Natur. Man soll sie aber da, wo sie störend wirken, mitsamt dem Nest entfernen und an einen anderen Ort verbringen. Ich habe heute, da ich kurz wegen einer Privatangelegenheit im Polizeipräsidium war, einen Mann gesehen, der mit Handschellen auf dem Rücken dem Untersuchungsrichter vorgestellt wurde. Ich frage mich manchmal, ob die Welt wirklich so schlecht sein muss.

Meine Nerven liegen blank. Ich stehe seit genau zwei Stunden und vierzig Minuten auf der Stelle. Die Autobahn zwischen Köln und Bonn ist gesperrt. Über das Autoradio habe ich nicht erfahren, dass es sich um einen Bombenanschlag handeln soll. Einer, der vorbeikam, zu Fuß, hat es mir in das geöffnete Fenster gesagt. Ich habe Angst. Die Bombe muss gefunden werden. Deshalb ist die Autobahn gesperrt. Ob der Typ recht hatte überhaupt? Was, wenn die Bombe genau unter meinem Mercedes Coupé im Asphalt vergraben ist? Nicht nur das schöne Auto, auch ich selber wäre dann hin. Und vielleicht viele andere mit. Das Fenster habe ich trotzdem geöffnet, es ist eine Bullenhitze im Auto. Von draußen höre ich, wie ein Helikopter langsam über die Blechkolonne hinwegfliegt, dann sehe ich ihn, kurz, ein schwarzer Fleck am Himmel. Den habe ich auch, denke ich, ein Bell & Howell, Baujahr 1991.

In Gedanken male ich mir aus, wie ich in dem Helikopter sitze und zu meinem Einsatz als Bombenentschärfer geflogen werde. Ist es nicht ein Unding, dass

Ich, auf einem uralten Pressefoto

man überhaupt auf die Idee kommt, eine Bombe zu bauen? Wieso machen die das. Ich habe auch schon mal überlegt, mit Schwarzpulver und so zu spielen, als ich klein war, aber natürlich hätte ich mich gar nicht getraut. Solch eine Bombe muss unheimlich knallen. Das Trommelfell reißt, wenn man in der Nähe ist. Ich stelle mir vor, ich werde von dem Helikopter abgesetzt an einer Stelle, an der die Bombe sich befindet. Man hat es also herausgefunden, ungefähr einen Kilometer hinter meinem Auto. Sag ich jetzt mal. Ich habe meinen halbwegs schützenden Anzug an und dicke Handschuhe mit Stahleinlagen. Ich schwitze nicht nur wegen der Hitze. Dann sehe ich die Bombe. Ich schaue mich um, alle sind wie gelähmt. Kreideweiß im Gesicht. Ich nehme eine isolierte Zange. Dann kneife ich den blauen Draht neben dem roten und dem braunen durch. Es macht »Zscht!«, und alles ist vorbei.

Das Ticken der Zeitbombe hört schlagartig auf. Dann fallen die Leute scharenweise über mich her und wollen Autogramme, sie sind wie besessen von dem Gedanken, mich anzufassen. Parallelen zu meinem Beruf werden greifbar. Ja, mein Beruf hat etwas von einem Bombenentschärfer. Jäh werde ich aus meinen dummen Gedanken geweckt, die Autoschlange hat sich aufgelöst, nur ich allein stehe noch auf der linken Spur, den Motor aus, und versuche zu starten. Schon rast der Verkehr an mir vorbei, so gut die Fahrer können. Ich bekomme den Wagen nach einer Weile an und drücke aufs Gaspedal. Versuche, auf die rechte Spur zu gelangen, keiner lässt mich. Erst nachdem ich fast ausraste und wie wild hupe, lässt mich einer, der mich erkannt hat, rein. Er macht ein Foto mit seinem Handy, das kann ich zwar nicht haben, aber ich mache einfach mal ein freundliches Gesicht. An der nächsten Tankstelle tanke ich voll, denn den Tank nur kleckerweise zu füllen, bringt doch nichts! Ich muss ja immer Benzin haben, weil ich immer nur unterwegs bin. Ein Leben auf der Autobahn.

Erwin »The Raven« Klemke

In der Tat umgehe ich, wenn es geht, die Landstraßen, meist fährt man da stundenlang hinter einem Lastkraftwagen her. Das muss nicht sein. Ich bin immer sehr früh am Auftrittsort, damit ich heimlich die Techniker und Roadies beobachten und gegebenenfalls einschreiten kann. Mein Cheftechniker ist ein toller Typ. Er kann einen Kasten Bier alleine trinken. Er nennt sich »The Raven«, wahrscheinlich weil er mal einen Zauberer, der so heißt, im Zirkus oder sonst wo gesehen hat. Er trägt auch neuerdings immer eine schwarze Fledermausmaske, es sieht Furcht einflößend aus. Vielleicht ist er deshalb auch in den Hotels Gesprächsstoff, sodass ich nicht so auffalle. Die Leute nerven mich sonst vielleicht, aber durch Raven komme ich immer gut weg. Keiner interessiert sich für mich, außer, wenn mein Name fällt. Es ist auf jeden Fall befremdend, wenn man plötzlich überall angesprochen wird. Wo doch vor ein paar Jahren noch kein Hahn nach mir gekräht hat. Da war ich immer nur allein.

Ich war verhärmt und unglücklich, meine Kunst konnte keiner verstehen. Vielleicht, weil ich sie auch keinem zeigen konnte. Erst dadurch, dass ich Konzerte machte, wurden die Leute auf mich aufmerksam. Ich spiele jetzt fast vierzig Jahre Klavier, und doch habe ich erst sehr wenig gelernt. Ich habe das Gefühl, dass ich niemals so gut spielen werde, wie die Leute denken, wie ich zurzeit spiele. Ich bin sehr ehrgeizig. Es muss immer ausnahmslos Spitzenklasse sein, wenn ich auftrete. Das ist der Anspruch, den ich an mich selber stelle. Ja, ich muss diesen Anspruch stellen, sonst brauch ich ja diesen Beruf gar nicht auszuüben. Ich bin selbst mein größter Kritiker, aber auch, und das ist gut so, manchmal mein größter Fan. Das heißt, ich weiß, mit wem ich es zu tun habe, wenn ich fantasiere, mit mir selber. Und mit mir ist nicht zu spaßen. Aber das führt jetzt zu weit. Ich habe keine Lust, tiefenpsychologisch auf diese besondere Gabe, die ich besitze, einzugehen. Ich habe viel zu viel Spaß an meinem Job. Manchmal setze ich mich einfach im Mantel vor das Haus und gucke nirgendwohin. So viel Zeit muss sein.

Die Schuhe, die ich mir kürzlich in Bayern gekauft habe, drücken. Ich bin erst ein paar Kilometer gelaufen, vielleicht tut sich da noch was. Jetzt ziehe ich aber erst mal meine Gummistiefel an, denn ich muss mal eben in den Stall. Heute wird ein Kalb erwartet. L., die größte Kuh, ist schwanger. Wir haben sie decken lassen. Das war ein Erlebnis! Denn der Bulle brauchte gar nicht persönlich auf die Kuh drauf, zwei Männer kamen mit einem Gestell, wo ein Kuhfell draufmontiert war, und haben Erich, so heißt der Bulle *(Name geändert!)*, da raufspringen lassen. Nur ein einziges Mal. Es war langweilig. Aber für Erich bestimmt der Höhepunkt seiner

Hier sieht man mich, wie ich zu neuen Kräften komme nach einer langen Tournee durch Nordafrika.

Laufbahn. Er hat sofort angebissen. Der eine Mann hat den Bullen sozusagen gelenkt. Der andere versteckte sich unter dem Gestell und hat den Samen mit einem Eimer aufgefangen. Dann wurde mit einem langen Gegenstand die Kuh damit bearbeitet. Und heute sollte das Kalb kommen. Ich war gespannt, Talula lag wie immer noch im Bett und räkelte sich nur, als ich sie wecken wollte. Es war unmöglich, wie immer. Wer bis mittags schläft, kann so eine Geburt nicht sehen. Denn die Kühe kriegen immer nur nachts oder am frühen Morgen die Kälber, manchmal auch spätnachmittags. Aber nie mittags. Den da gibt es was zu essen. Das wissen die.

Ich kam um 4 Uhr 12 in den Stall, da guckten schon zwei Beine aus der Kuh. Aufgeregt fasste ich die Beine und zog ein wenig, das darf man nicht zu viel machen, denn die Kuh muss es selber hervorbringen. Und es bewegte sich was am anderen Ende der Beine. Anscheinend war die Geburt unkompliziert, die Vorderbeine glitschten plötzlich schnell heraus, und dazwischen kam schon der Kopf des Kalbs. Jetzt bedurfte es kaum noch

Anstrengung für L., die Kuh. Zack, das Kalb hüpfte, so gut es konnte, im Stroh hin und her. Die Mutter versuchte, es abzulecken. Die Plazenta kam auch schnell hinterher. Ich hatte vergessen, mir die Schubkarre zurechtzustellen, und musste sie schnell aus dem Hühnerstall holen, denn da hatte ich sie am Vorabend, ich hatte den Stall ausgemistet, vergessen. Als ich zurückkam, hatte ein Fuchs die Plazenta schon stibitzt, ich sah ihn noch zwischen den anderen Kühen hinten aus der Bretterwand, in der ein Brett aufgebrochen war, entfliehen.

Was für ein Gespür diese Tiere doch haben. Er hätte sicherlich das Kalb genommen, wäre ich nicht so schnell wieder zurück gewesen, doch das Kalb war ihm auch wohl zu schwer. Wir nannten das Kalb X. Wir setzten einmal unsere jüngste Tochter drauf, da wetzte es auf einmal los, und R. fiel nach ein paar Metern runter. Eine dicke Beule an der Stirn, mehr war zum Glück nicht passiert. Das Kalb ist jedoch noch im darauffolgenden Sommer von einem Wolf gerissen worden. Normalerweise schlagen unsere Hunde immer an, wenn Wölfe in der Nähe sind, und es werden immer mehr, aber diesmal hatten sie wohl eine Art Stillschweigen vereinbart. Die Hunde und die Wölfe kennen sich, obwohl sie sich nie begegnet sind. Sie lesen ihre Spuren und wissen, mit wem sie es zu tun haben.

Im Sommer 2006 rief mich Paco de Lucía an, er wäre auf Europatournee, und gerade da, wo er sich jetzt aufhalte und heute Abend ein Konzert hätte, in Hamburg, wäre ihm sein Gitarre morgens beim Üben im Hotel aus der Hand gerutscht, weil er noch so müde war, und auf dem Boden, der aus Marmor bestand, so unglücklich aufgekommen, dass sie den Hals gebrochen hätte und erst mal in Madrid repariert werden müsse. Er klang verzweifelt.

Die Wölfe kommen zurück.

Die Gitarre, die ich Paco lieh, jetzt total verkratzt

Aber ich wusste, dass Paco auch ein unheimlicher Geschichtenerzähler war. Das mit der kaputten Gitarre glaubte ich ihm nicht, ich denke, er wollte sich auf diese Weise meiner Gitarre, denn ich hatte die gleiche, aber in besserer Ausführung, ermächtigen. Er wusste, dass ich sie ihm leihen würde. Ich hatte diese Gitarre 1987 Manitas de Plata abgekauft. Sie war damals noch wie neu, er hatte sie sich von seinem damaligen Reichtum erwerben können. Carillo baute und baut auch noch heute die allerbesten Flamenco-Gitarren.

Manitas hatte sie mir verkauft, nachdem ich ihn einmal vor einem Tornado gerettet hatte. In Südfrankreich war er bekannt wie ein bunter Hund. Paco war ein großer Fan von ihm und hat manchmal bei ihm gewohnt. Er bewohnte einen riesigen Wohnwagen, gezogen von einem alten Ford Edsel. Ein damals normaler Anblick in diesen Breitengraden. Wo man Manitas traf, immer hatte er seine Gitarre dabei. Die Gitarre, die ich von ihm kaufen konnte, lag allerdings immer in seinem Wohnwagen, das war nicht die Gitarre, auf der er ständig spielte. Heute hat diese Gitarre nicht nur für mich einen ideellen Wert, der unvergleichlich ist, sondern auch einen Verkaufswert, der höher ist als bei einem Steinway Grand Flügel. Ich lieh sie Paco, für eine Woche. Als ich sie wieder zurückbekam, als seine Tournee zu Ende war, durchzogen lange schale Riefen die

Dies ist unser Schlafzimmer in unserem Ferienhaus in der Schweiz.

schöne helle Fichtendecke. Er spielt mit langen Nägeln, ich tue das nicht. Ich spiele meine Soli mit dem Daumen, bin aber deshalb nur langsam. Aber der Sound ist natürlich besser. Bei meinen letzten Konzerten spielte ich diese Gitarre, nachdem ich sie auch jahrelang nur im Schrank hatte. Aber Paco hat sie mir etwas eingespielt, auf seine Weise, und jetzt klingt sie einfach spitzenmäßig.

Bei einer Wanderung in den Alpen lernte ich den Enkel von Kaiser Franz von Österreich kennen. Er saß auf einem Baumstumpf und aß ein Butterbrot mit Kochschinken und Meerrettich. Ich war seit mehreren Stunden unterwegs gewesen, wollte dem Alltag entfliehen, deshalb war ich alleine unterwegs, alleine hieß, mit meinem damaligen Tross von Sicherheitskräften, die jedoch nicht aufdringlich um mich herumkluckten, sondern in gemäßigtem Abstand sich hinter, neben und vor mir herbewegten. Ich hatte immer sechs Bodyguards dabei. Bewaffnet. Ich selbst zog es vor, unbewaffnet zu sein, schon allein wegen dem Gewicht solch einer Waffe. Außerdem bin ich Pazifist. Der Enkel war ein ganz normaler Wanderer, doch ich erkannte ihn sofort. Ich hatte ihn mehrmals im Fernsehen gesehen, in Berichten über den Erbstreit, den sich die Enkelkinder und Urenkel des ehemaligen Kaisers von Österreich lieferten. Er war so um die siebzig Jahre alt. Sein aristokratisches Gesicht erhellte sich, als er mich erblickte, ich glaube, er hatte auch mich erkannt. Ich setzte mich neben ihn auf die Bank, nicht ohne ihn vorher um Genehmigung gefragt zu haben. Komisch, auch er hatte Bodyguards, jetzt saßen wir da, und um uns herum lungerten zehn von diesen Typen (er hatte nur vier!).

»Ich kenne Ihre Frau«, begann er das Gespräch mit mir. Ach ja, jetzt fiel es mir wieder ein, Talula war ja im letzten Jahr österreichische Meerrettichkönigin geworden, das hatte sie unglaublich populär gemacht bei den Österreichern. Der Enkel des Kaisers war in der Jury gewesen. »Sie ist sehr hübsch, wollen Sie einen Kaffee mit mir trinken?« Ich willigte ein. Dann schüttete er mir aus seiner Thermoskanne, die ihm einer von den Bodyguards reichte, eine Tasse Kaffee ein. Er war sehr lecker. Ich bedankte mich und wollte weiter. Doch der Enkel hätte es gerne, wenn ich noch etwas dabliebe. Ich konnte ihn natürlich nicht so sitzen lassen, den Enkel eines richtigen Kaisers. Doch nachdem ich mit ihm über eine Stunde geplaudert hatte, über alles Mögliche, vor allem aber seine Krankheit, er hatte beginnende Gürtelrose, wollte ich nun doch weiter. Die Bodyguards des Enkels des Kaisers verstellten uns jedoch den Weg. Sie wollte uns tatsächlich nicht passieren lassen. Doch da ich zwei Leibwächter mehr hatte, zogen sie in dem nun folgenden Kampf den Kürzeren. Ich muss noch erwähnen, dass weder der Enkel des Kaisers noch ich selbst uns an dem Kampf beteiligten. Ohne mich also zu verabschieden, machte ich mich wieder auf den Weg.

Was für eine seltsame Begegnung. Dass diese Adeligen doch immer noch glauben, ihnen gehöre die Welt. Nach dieser Episode fuhr ich lange Zeit nicht mehr nach Österreich. Nur noch zu Auftritten. Manchmal finde ich es schade, dass einfache Menschen überhaupt nicht mehr zu mir gelangen können, wegen der völligen Abschirmung zum gemeinen Volk. Muss man denn als Künstler so zurückgezogen leben? Ja, man muss, denn ansonsten ist man Beute der Öffentlichkeit. Es gibt keinen Schritt mehr, den man tun kann, ohne dass er nicht von der Presse dokumentiert wird. Ich habe im Keller einen hermetisch abgedichteten schall- und lichtdichten Raum, wohin ich mich zurückziehen kann und in dem ich ab und zu Fanpost beantworte. Manchmal kommt auch Besuch, dafür habe ich eine kugelsichere Glasscheibe auf einem Tresen, und ich telefoniere dann mit dem Gast, während wir uns anschauen können. Ich habe auch einen Doppelgänger, der für mich auftritt. Das heißt, ich muss unheimlich aufpassen, dass ich nicht

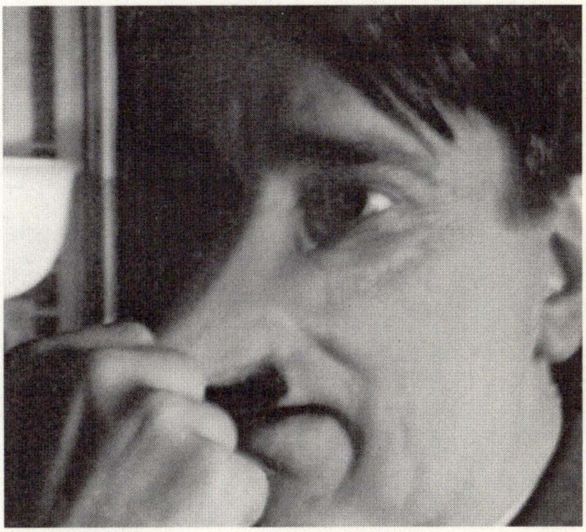

Die Rolle als Adolf H. hätte mich beinahe noch Nerven gekostet, als man mir an der Nase zog, bis sie fast abging.

gleichzeitig mit dem Doppelgänger in der Öffentlichkeit gesehen werde, denn dann wäre klar, dass einer davon der Falsche ist, und das würde dann zu kompliziert werden. Die Medien würden falsche Berichte lancieren, und ich könnte sogar bei Auftritten in Verdacht geraten, überhaupt nicht anwesend zu sein. So kompliziert ist das. Weil ich so berühmt bin. Und überhaupt, alle wollen immer, dass ich ihnen Geld leihe! Dabei habe ich doch selber nur so viel, wie ich ausgeben kann, nicht mehr und nicht weniger. Der Doppelgänger bekommt sechs Euro die Stunde.

Ich hatte eine Tante in Amerika, jetzt war sie in Bremerhaven eingetroffen, wo sie mich zu ihr hinzitierte. Als ich dort eintraf, war sie plötzlich verstorben. Ein mir unbekannter Mann hatte mir die Hotelzimmertür geöffnet und mich in den Vorraum gebeten, dort war die Tante schon aufgebahrt. Der Hoteldetektiv, wie sich sofort herausstellte, bot mir einen Schemel an, auf den ich mich setzen konnte. Ich heuchelte ein wenig Trauer, denn ich kannte die Tante sozusagen überhaupt nicht, sie war vor langer Zeit nach Amerika ausgewandert, hatte dort einen reichen Amerikaner kennengelernt und bewohnte zuletzt mit ihm zusammen eine Farm in Connecticut.

Sie trug ein schwarzes Chiffonkleid, sie war demnach plötzlich gestorben, obwohl sie etwas vorhatte. Und zwar versammelten sich schon unten im Hotelfoyer viele Menschen, um auf einer Wohltätigkeitsveranstaltung für früh vergreisende Kinder ihren Jahresbericht zu hören, sie war Leiterin der Außenstelle Amerika gewesen. Jetzt sollte, auf Drängen des Hoteldetektivs, ich auftreten und die Rede halten. Sie lag fertig getippt in ihrem Hotelschließfach. Nun ja, ich hatte ein befremdliches Gefühl, die Rede eines anderen Menschen halten zu müssen, aber es ist nicht aufgefallen, und der Hoteldetektiv war entzückt darüber, dass er kaum Fragen zu der Abwesenheit der Tante beantworten musste. Man hatte mich als Stellvertreter vorgestellt und gesagt, die Tante wäre in Amerika zurückgeblieben und könne aus gesundheitlichen Gründen zurzeit nicht reisen.

Die Krise lässt meine Anwesen weltweit verkommen.

Nachdem ich die Rede gehalten hatte, schmiss ich mich in meinen Merzedes und trat aufs Gaspedal. Was ich da noch nicht wissen konnte: Die Tante hatte mir fast die Hälfte ihres gesamten Vermögens hinterlassen. Umgerechnet an die vierhundert Millionen Euro. Das war für meine Verhältnisse vielleicht nicht sehr viel, aber die Geste zählt. Finde ich. Man muss für alle Beträge dankbar sein, die man erbt, und sei er auch noch so mickerig. Auf dem Weg nach Hause machte ich an einem Dönerladen halt und pfiff mir einen Hähnchendöner rein, mit Brot. Dazu trank ich Airan.

Mickey Rourke ist, nachdem er in den Achtzigern Riesenerfolg hatte, etwas abgefuckt und verdient nun seinen Lebensunterhalt als Boxer, das muss man sich mal vorstellen. Dabei ist er eigentlich eine Niete in dem unüberschaubaren Boxgeschäft, aber es kommen bei seinen Kämpfen immer viele Leute, um ihn zu sehen. Talula, die ihn gut kannte, brachte mir vom Shopping in New York einen Brief von ihm mit, handgeschrieben, in krakeliger Schrift. Er forderte mich auf, doch auch mal gegen ihn zu boxen, man könne erst in seinem Loft in New York üben und anschließend in ein paar US-Großstädten ein paar Box-Shows arrangieren. Ich war freudig überrascht, doch wie war er gerade auf mich gekommen? Ich hatte noch nie geboxt. Ich solle ihn anrufen, da er seine Telefonrechnung nicht bezahlt hatte und nur noch angerufen werden konnte. Ich beriet mich mit meinem Agenten Johnnie Heifeskamp *(Name geändert!)* und lud anschließend Rocky Graziano bei mir ein. Talula fand, er wäre der richtige Sparringspartner für mich, wenn ich überhaupt kämpfen wollte. Und ob ich wollte. Rocky machte mich fit für den Ring. In meinem großen Reinigungskeller hatten wir schnell einen Boxring installieren lassen, sodass ich mit ihm trainieren konnte.

Rocky vertraute mir nach nur einer Woche an, dass er vor mir Angst hätte. Kein Wunder, ich war sehr ehrgeizig. Ich beherrschte nach kurzer Zeit das rhythmische Schlagen auf der an der Decke hängenden, in sich bewegbaren »Birne«. So nennt man diese Lederbälle. Dass wir da unten übten, machte natürlich die Runde. Ob Marius Müller-Westernhagen, Boris Becker, Maradona oder Wilhelm Wieben, alle wollten zusehen, wie Helge Schneider boxt. Nach zehn Wochen war ich so weit. Mickey Rourke sollte sich warm anziehen. Ich flog zusammen mit meiner Crew zunächst nach Florida, wo ich Tony Marshall einen Besuch abstatten wollte. Ich fand seine Villa verlassen vor, und da fiel mir ein, dass er auf Tournee durch die neuen Bundesländer war. Klar, der Rubel muss rollen. Ich rief Mickey Rourke an, der sich schon gar nicht mehr erträumt hatte, gegen mich zu boxen, und jetzt natürlich sehr aufgeregt war. Sein Loft war echt spitze. Überall Pokale und Trophäen. Auf den meisten stand allerdings nichts drauf. Auch er hatte sich einen Boxring aufstellen lassen. Es ging sofort los. Ich verpasste ihm einen ersten Riss in der Augenbraue, dann musste er am Ohr operiert werden.

Meine Linke ist meist ein Schwinger, und er hatte nicht mit solch einer Power gerechnet. Ich habe in den unteren Sehnen zusätzliche Power vom Klavierspielen. Ich kann, wenn ich zum Beispiel einen Aufwärtshaken gebe, meine Faust nochmals durchspannen und mit vermehrtem Druck zuhauen. Es wurde ein Jammerspiel, sodass Mickey nach einer Weile die Idee wieder aufgab, mit mir aufzutreten. Ich hätte es lieber anders gewollt, aber er konnte einfach nicht gegen mich boxen, ich hätte mich zu sehr verstellen müssen. Und das kommt bei den Fans des Boxsports erfahrungsgemäß nicht an. Es klingt zu sehr nach Schiebung. Also verabschiedete ich mich, Mickey war sehr gerührt, weil ich ihn nach Mülheim einlud, dann shoppte auch ich noch ein paar Tage in Big Apple, ich trage zum Beispiel auf der Bühne ein graues Armani-Hemd, was ich dort gekauft habe. Zurück in Deutschland erreichte mich ein Brief Tonys, dass seine Tournee ausverkauft ist und er mir das Geld endlich zurückzahlen kann, das ich ihm für die Schallplattenaufnahme von »Schöne Maid« seinerzeit geliehen hatte. Wie schön, dachte ich, da kann ich ja mal Urlaub machen. Ich sagte Talula nichts von meinem Vorhaben, lud sie in mein Auto, so als ob ich mit ihr einkaufen fahren wolle, und ließ sie bis zur italienischen Grenze nicht aussteigen. Es wurde der schönste Urlaub, den wir seit Jahren gemacht hatten. Schon alleine, weil ich die Einladung vom Papst verschlief und er daraufhin aus Unsicherheit bei seiner »Urbi et Orbi«-Rede gestottert hat.

Die Alpakas waren meine beste Idee seit »Katzeklo«.

Im Sommer 2007 hatte ich viel zu tun. Meine Kühe sollten allesamt verkauft werden, weil ich auf Alpakas umrüsten wollte. Die Alpakas geben schöne Wolle. Und ich muss ja auch an ein zweites Standbein denken, wenn ich mal nicht mehr auftreten kann. Wer weiß, schon ein Splitter unter dem Zeigefingernagel kann sich schnell entzünden, und dann muss am Ende amputiert werden. Das Klavierspiel würde somit stark beeinträchtigt werden, vielleicht sogar ganz unmöglich sein. Als Künstler hat man keine Versicherung. Obwohl ich meine Beine bei der Huk versichert habe, habe ich keine Lust, mein restliches Leben auf zwei Krücken zu laufen. Also passe ich lieber auf. Ich gehe nie bei Rot, außer, wenn wirklich keiner kommt oder mir zusieht.

Wenn Kinder an der Ampel stehen, sollte man es sowieso nicht tun. Manchmal erwische ich jemanden, meist erwachsene Menschen, die ein schlechtes Vorbild sind und bei Rot gehen. Dann rufe ich natürlich die Polizei und versuche, den Täter so lange festzuhalten. Sie sind meistens sauer, aber es gibt auch einsichtige Leute, wie zum Beispiel neulich der Kammerjäger in einer mittleren Kleinstadt im Sauerland. Obwohl eine Frau mit einem Säugling an der Ampel stand und auf Grün wartete, ging er einfach los. Ich heftete mich an seine Fersen und verfolgte ihn bis zu einer Siedlung, wo ich ihm den Weg verstellte. Zuerst war er sauer, aber nachdem ich ihm anschaulich schildern konnte, wie schlimm seine Ungehörigkeit für ein Kind sein konnte, das ihm eventuell nacheifern würde, legte sich sein Zorn augenblicklich. Ich malte ihm einen Frontalzusammenstoß mit einem Lastkraftwagen so naturgetreu aus (ich übertrieb natürlich wie immer etwas!), dass er mir schwor, so etwas nie wieder zu tun. Als die Polizei eintraf, die ich sofort verständigt hatte, hatten wir uns geeinigt.

Er bezahlte 50 Euro »Bußgeld« an mich, und ich sagte der Polizei, es wäre ein Versehen gewesen. Die zogen unverrichteter Dinge ab. Dem Kammerjäger ging der Arsch auf Grundeis, das konnte man deutlich sehen. Doch heute ist er mir dankbar, keiner will sich gerne durch eine solch dumme Unachtsamkeit nachher als Auslöser für ein großes Unglück sehen. Was, wenn ein Tanklaster nicht mehr bremsen kann, der Fahrer aber nervös wird und nach links rüberzieht, in einen anderen Tanklaster hinein, den er in der Eile übersehen hatte, und dann die ganze Straße eine Flammenhölle wird? Viele Tote kann einzig und allein der Zeitmangel eines einzigen Kammerjägers hervorrufen.

Und dagegen hilft keine Versicherung mehr, auch wenn sie unbeschränkt, also drei Millionen, hoch ist. Ich besitze wie gesagt fünf Flügel, nein sechs, einen habe ich

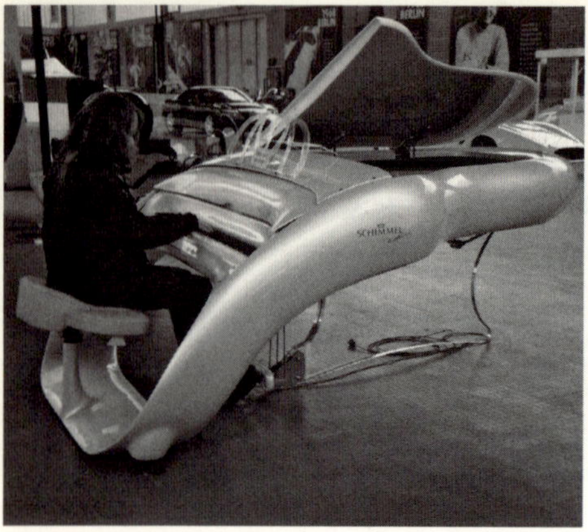

Ich übe immer auf dem Colani-Flügel.

verliehen, darunter drei Steinway. Alle Größen. Für jegliche Art des Vortrages. Ich will mir aber noch einen Flügel zulegen, den ich präparieren lasse, der einzigartige Clown Grock hatte so einen. Da konnte er auf dem Deckel rumrutschen, und sein Klavierhocker fuhr plötzlich auf zehn Meter Höhe heraus, sodass er wegfliegen konnte, an einem Drahtseil. Solch schöne Gimmicks will ich demnächst in meine Show einbauen, mal sehen, was mir einfällt. Die Kirsche hat immer noch nicht geblüht. Dabei ist schon April. Ob ich sie zu tief eingegraben habe?

Ich hatte sie letztes Jahr verpflanzt, vielleicht zu spät? Der alte Opel Admiral liegt jetzt hinter meiner Scheune auf dem Rücken, ich will ihn von unten schweißen, er ist ganz durch. Der Opel ist erhaltenswert, es ist ein Einzelstück. Vom Genfer Salon, ein sogenanntes Konzept-Car. Keine Sitze drin und Sonstiges, man muss alles reinbauen, nachträglich. Als ich ihn gekauft habe, wusste ich das nicht. Er ist gold. Acht Zylinder. Schalter. Höchstgeschwindigkeit ca. 220. Er ist nur 78 cm hoch, das geht wegen der kleinen Räder, die man damals noch hatte. Heute die Karren sind allesamt höher, weil die Reifengrößen sind im Laufe der Jahre immer größer geworden. Es ist genau wie mit dem Kammerton, der Kammerton a ist im Laufe des letzten Jahrhunderts bestimmt um acht Hertz gestiegen.

Irgendwie klingt das für meine Ohren nicht so schön, ich bin in dieser Hinsicht verwöhnt durch die alten Aufnahmen der Ausnahmemusiker wie Horowitz oder Glenn Gould. Aber vor allem alte Jazzaufnahmen weisen einen unter 440 Hertz liegenden Kammerton aus, meist 438. Ich lasse meine gesamten Flügel und Klaviere immer tiefer stimmen, außer dem Steinway B. Er muss diese neuartige Stimmung haben, da klingt er aggressiver. Genau das will ich, mich aggressiv der Welt entgegenstemmen mit meinem Klavier! Sollen die scheiß Spießer doch kommen! Ich hau denen einen Sound rein, dass denen Hören und Sehen vergeht! Der Rasen wirkt dieses Jahr frischer als sonst. Ob das etwa etwas mit Atom zu tun hat?

Seit einigen Jahren verändert sich immer etwas im Frühling. Nichts bleibt so, wie es ist. Meine Palmen, die ich vor fünf Jahren gepflanzt habe, sind nun eingegangen, weil es im Winter zu kalt war. Es lag sogar eine geschlossene Schneedecke über zwei Wochen. Das ist schon merkwürdig. Prinz Charles rief mich aus genau diesem Grund auch neulich an und bat mich, mit ihm nach Südamerika zu reisen, wegen der Regenwälder. Man müsse jetzt akut was unternehmen. Aber ich habe leider noch einen Zahnarzttermin, den kann ich nicht absagen, weil ich seit drei Wochen ein Provisorium trage, und die neuen Kronen sind nächste Woche fertig, das könne ich nicht verlegen. Charles war geknickt, weil er weiß, wie vehement ich vorgehen kann, um Wälder zu schützen. Aber das werde ich nachholen, habe ich ihm versprochen. Er fliegt jetzt mit Mitgliedern der Gruppe ABBA nach Südamerika. Wencke Myhre ist krank.

Meine Tourneen führen mich in alle Länder der Erde.

Wegen meiner Arabischkenntnisse soll ich in den Jemen reisen, damit ich bei einer Geiselbefreiung positiv den Geiselnehmern entgegentreten kann. Ich sage dem Botschafter ab, da trotz meiner guten Beziehungen in diesen Teil der Welt mir mein Leben auch noch etwas bedeutet. Die Geiselnehmer handeln oft nur wegen Geld, man kann schon verhandeln, aber wenn es politisch ist, will ich mich nicht einmischen. Und genau das ist nicht klar. Sie schicken diesmal wieder die GSG 9, die in Zusammenarbeit mit der französischen Fremdenlegion die Sache klären soll. Wie ich nachher höre, ist alles dann doch glimpflich verlaufen. In derselben Woche ruft mich Nelson Mandela an, er hätte Krach mit Bob Geldof. Ich soll vermitteln. Da ich aber Bob nicht erreicht habe, sage ich Nelson, er solle erst mal bei Elton anrufen, der weiß sicher, wo Bob sich zurzeit aufhält.

Kann ja nicht weit weg sein, die Erde ist ja klein. Sting macht wieder Geburtsaufnahmen, er wird zum sechzehnten Mal Vater und nimmt diesmal selbst mit einem zwölfköpfigen Fernsehteam die Geburt seines Sohnes »Stella by Starlight« auf *(der Name ist frei erfunden!)*. Aus Köln wird auf mich eingeredet, ich solle bei der Comedy-Gala mitwirken, wie fast jedes Jahr. Ich habe dazu nie Lust, aber dann mache ich es trotzdem immer. Ich kann jede Mark gebrauchen. Für meine Modelleisenbahn und mein neues Hobby: Hafentauchen. Ja, man soll es nicht für möglich halten, aber dieses Hobby verschafft mir die einmalige Möglichkeit, mal allein zu sein. Wer will schon in einem Hafen tauchen. Und dann noch in Duisburg am Rhein. Die Klamotten, die ich dazu anhaben muss, wiegen allein fast einen Zentner. Inklusive Bleischuhe. In dem trüben Wasser des Rheins habe ich schon allerhand verrückte Sachen gefunden, zuletzt ein komplettes Wohnzimmer.

Sogar ein Fernseher war dabei. Ich nehme an, es handelte sich um Schmuggelware aus Holland. Dahin ist das Zeug sicherlich aus Hongkong gekommen, denn es stand in chinesischer Schrift auf der Rückseite der Schrankwand die Adresse des Geschäftes, wo der Schrank mal gestanden hatte. Ich ließ alles nach Hause schaffen, und dort stellte ich es monatelang in den Heizungskeller. Sogar der Fernseher ging wieder. Aber da ich ja alles schon besaß, verkaufte ich das Wohnzimmer an die Arbeiterwohlfahrt. Für eine symbolische Mark. Für denselben Betrag kaufte ich übrigens ein Schloss in Dänemark. Ich lasse es zurzeit renovieren. Wenn es fertig ist, mach ich Party. Vor ein paar Wochen rief mich Michael Jackson an und wollte mit mir über ein neues Projekt reden. Ich sagte ihm, dass jetzt die Zeit der Schallplatte oder der CD endgültig vorbei wäre, wie ich es schon vor nahezu zwanzig Jahren prophezeit hatte, und er doch lieber live auftreten solle, denn seine Fans würden sicherlich darauf warten.

Er überlegte kurz, dann hörte ich, wie er schon an einem anderen Apparat hing und seinen Manager anrief. Jetzt tritt er fünfzig Mal hintereinander in London auf und verdient sich seine Rente, die er dringend nötig hat. Er sieht zurzeit fantastisch aus, ich denke auch darüber nach, dass ich auch an meiner Haut was machen lasse. Ich finde es übrigens beschissen, dass alle Leute solch tolle Musiker immer nur nach deren vermeintlichem Privatleben beurteilen. Das ist doch sowieso alles erlogen. Eins steht fest, ich habe zugunsten von Michael Jackson gemeinsame Plattenaufnahmen mit ihm abgelehnt, er wollte es so gerne, aber meine Stimme ist wesentlich lauter, und in einem Studio kann man nachher die Stimmen nicht mehr trennen, denn meine Stimme würde dann voll auch über sein Mikrophon gehen, seine aber nicht über meins.

Das wäre unfair ihm gegenüber. Auch Aufnahmen mit Seal habe ich abgelehnt, er rief kürzlich täglich an und wollte mich unbedingt überreden. Doch Seal hat, konträr zu seinem etwas harten Äußeren, eine viel zu weiche und leise Stimme, so, als hätte man seine Stimmbänder mit Flanell beklebt. Gegen Mick Hucknall (Simply Red) habe ich ein Verfahren laufen, weil er auch rote Haare hat und ich das Gefühl hab, er würde mich kopieren. Wir überkleben ständig seine Plakate mit meinen, den Fans ist's recht. Seinen auch. Die kommen sowieso lieber zu mir. Ich hatte mal in einer meiner erfolgreichen Shows für ein paar Tage die Jakob-Sisters dabei. Doch ich bekam sie beim besten Willen nicht auf die Bühne, sie blieben wie angeklebt im Catering am Kuchentisch sitzen und gaben ab und an ihren Pudeln etwas zu naschen. Sie lachten dermaßen viel, dass ich zu viel bekam

Star im Qualm

und mich wieder von ihnen trennen musste. Schade. Wann hat man es schon mal mit solch positiv verrückten Menschen zu tun.

Unser Swimmingpool ist drei Meter tief, weil ich ein Zehnmeterbrett aufstellen lassen wollte. Aber es reichte nur zu einem Siebener. Mit Talula mache ich manchmal die Figuren der besten Synchronspringer der Welt nach. Wir haben eben manchmal Langeweile. Geld allein kann einem nicht immer einen ausgefüllten Tag bescheren. Man muss auch selber daran etwas tun. Wir unternehmen immer etwas. Ob es eine Besichtigung in der Bank ist, ich schaue öfter mal in dem begehbaren Safe nach meinem Schmuck und den vielen Versicherungspolicen und sonstigen Übereignungspapieren, natürlich auch nach dem Bargeld. Doch da muss ich schon einen ganzen Tag einberechnen. Nichts ist so anstrengend, wie sein eigenes Geld gewissenhaft zu zählen, schon das allein rechtfertigt den Besitz solch großen Vermögens. Und dann die Autos.

Ich habe sie in sechs verschiedenen Bundesländern geparkt. Alle müssen untergestellt sein, sonst bekomme ich zu viel. Ich will alle meine Autos gut untergebracht wissen. Einmal sind mir zwei Maseratis und ein Bentley in einer Garage ausgebrannt, bloß weil jemand in dem Bentley eine Zigarre nicht richtig ausgedrückt hatte. Ein Schwelbrand. Und gerade diese Kisten hatte ich mal nur unfallversichert. Und dann passiert's. Egal, Maserati ist sowieso ein Fall für sich. Die Maschinen sind zu pflegeaufwendig. Und erst mal Ferrari. Alle sechs Monate muss ich bei den Ferraris die Zahnriemen erneuern, auch wenn ich gar nicht damit rumfahre. Ich habe acht Ferraris, einer davon ist der erste Ferrari, der überhaupt gebaut wurde. Ein verhältnismäßig langsames Fahrzeug und sehr spartanisch, aber die Qualität ist bezeichnend für den langen Auftritt dieser Marke im Showgeschäft, sprich Autorennen. Einen von meinen Zwölfzylindern habe ich umbauen lassen zu einem Pick-up, damit ich Bäume und Sträucher damit transportieren kann auf meinem Grundstück, denn mit dem Traktor brauche ich von A nach B zu lange.

Das Cockpit meines Mercedes Coupé

Es sind immerhin vierzig, fünfzig Kilometer, die ich dann zurücklege. Argentinien ist ein großes Land, meine Lesungen da führen mich immer mindestens an die zwanzigtausend Kilometer kreuz und quer durch die Pampa. Die Leute dort verschlingen meine Bücher. Ich werde da mehr gelesen als in ganz Europa. Auch gehören meine sämtlichen Bücher dort zum Schulunterricht. Man kann sie sich sogar an den Büchereien ausleihen. Darauf bin ich sehr stolz. Deshalb, glaube ich, fühle ich mich manchmal als Argentinier. Meine Sammlung an Gaucho-Pferden belegt diese Affinität.

Bodo und ich waren in unserem …

Ich habe kein Abitur oder sonst einen Schulabschluss, also bin ich das geworden, was ich bin, ich meine beruflich. Aber ich finde das nicht so wichtig. Wenn ich beruflich keinen solchen Erfolg als Musikkomiker hätte, würde ich vielleicht noch erfindungsreicher sein, würde für meine Familienmitglieder im Wohnzimmer auftreten und durch deren Weitersagen vielleicht dann doch wieder berühmt werden. Man kann es drehen und wenden, wie man will, es ist relativ. Das Leben ist eine Vermutung. Es gibt so viel zu sehen auf der Welt, aber man hat ja gar keine Zeit dafür. Die, die sich hierfür Zeit nehmen, sind immer im Stress. Es ist wie verhext. Ich würde gerne auch mal auf die Osterinseln, aber ich habe keine Lust. Das ist paradox. Ich denke, hier, wo ich lebe, werde ich dann etwas verpassen. So vergehen die Tage und Wochen, Monate und Jahre. Man wird älter und älter, lässt sich einen Bart wachsen, um ihn nach ein paar Jahren wieder abzurasieren, damit man entscheidend jünger aussieht, guter Trick, oder? Hab ich oft gesehen. Kenne ein paar, die Vollbart hatten, jetzt ist er weg. Ich trinke manchmal einen Becher Wein. Dazu esse ich eine Scheibe trockenes Brot.

Das macht mich froh. Es lässt mich vergessen, in welch prekärer Lage wir Menschen stecken. Wein und Brot, wie in der Kirche. Ich gehe nur in die Kirche, wenn ich meine, dass ich keinen störe mit meiner Ungläubigkeit. Ich mache dann mein Handy aus und rauche nicht, auch die Mütze nehme ich ab und mache zu meinen Kindern »Psssst!« mit dem Finger vor dem Mund. Warum eigentlich? Warum ist man immer so ehrfürchtig? Vor Steinen, die in einer akkuraten Reihenfolge zusammengefügt wurden von Menschen, die schon lange tot sind. Ich denke oft über das Leben nach. Und den Tod. Der Tod begleitet uns das ganze Leben lang. Verdammt, warum bellt der scheiß Köter denn wieder? Ich gehe runter und schaue nach.

… früheren Leben Seefahrer.

Ein Fasan, der schon lange Zeit bei uns am Haus übernachtet, ist der Auslöser für das Bellen meines kleinen, schwarzen Jagdspiels. Ich sehe den Fasan oft. Er ist etwas scheu. Niemals würde ich ihn mit der Flinte erlegen wollen. Ich käme gar nicht auf den Gedanken. Aber ich gehe zum Metzger und kaufe Kalbsbratwürste. Warum? Im Radio geigt sich ein Quartett um Kopf und

Kragen. Die Cellos verbreiten eine unangenehme, düstere, völlig abgehobene Atmosphäre. Jeder Akkord erinnert an die Leiden der Menschheit. Mit Gewalt hat der Bleistift des Komponisten ein Desaster veranstaltet, dass einem angst und bange wird. Jetzt wird der Rhythmus immer befremdlicher und es folgt eine ausufernde, bis in die Atonalität reichende Stagnation. Dann greift eines der Cellos mit Gezupfe die Situation am Schopf und will verführen, doch die Geigen und Bratschen verdunkeln sich wieder, dann hüpfen sie mitteilsam über die Cellos entlang und bilden Belanglosigkeiten. Wie betrunken muss man sein, um solch eine Musik spielen zu können, allabendlich in fremden Städten, vor einem nebulös gekleideten Publikum auf nie enden wollenden Reisen. Talula frisst sich einen Wanst an. Immer nur Pizza.

Ich dachte, sie wäre Bio-Fanatikerin. Aber das hat sich jetzt erledigt. Der Laden hat zugemacht. Ging keiner rein. Mein 48er Cadillac convertible streikt. Ich wollte eigentlich mit ihm zu einem Gig fahren. Hatte schon meine Klamotten in den riesenhaften Kofferraum gestapelt, Trompete, Akkordeon, Saxophon und so weiter, Anzüge und Krawatten. Jetzt springt das Ding nicht an. Wo heute so schönes Wetter ist. Ich muss alles wieder rauskramen und den Lamborghini nehmen. Ich hoffe, dass er die

Ja ja, das Landleben!

lange Strecke nach Wien durchhält und sich nicht wieder mit einem Lagerschaden oder so wichtigmachen will. Ich hasse diesen Wagen. Die Italiener bauen immer diese komplizierten Sportwägelchen. Aber schnell ist der Lambo, dreihundert. Bin ich schon ausgefahren. Auf der Strecke zwischen Rom und Neapel geht das. Neapel ist eine Drecksstadt, das kann man gar nicht glauben. In der heutigen Zeit ist es wohl nicht zu umgehen, dass der Müll sich so häuft. Die Katzen schlagen sich die Fresse ein vor unserem Haus.

Ich war verhärmt und unglücklich, meine Kunst konnte keiner verstehen. Ich kann mich noch erinnern, als ich zum ersten Mal einen Computer gesehen habe, damals hießen die noch gar nicht so, glaube ich. Der Computer bestand aus einer Baracke, mindestens hundert Meter lang und sechs Meter breit. Eben ein Gebäude mit Flachdach. Darin standen riesenhafte Maschinen, auf denen große Tonbänder langsam liefen. Mehrere Männer in weißen Kitteln standen davor oder gingen langsam von einer zur nächsten Maschine, mit Bleistiften über dem Ohr eingeklemmt und einem Block in der Hand. Wenn man zu lange stehen blieb und denen zuschaute, machte schnell jemand von innen die Rollos runter. Auf diesen Bändern waren so viel Informationen wie heute auf einem Mini-Chip. Das Gebäude, von dem ich spreche, ist lange abgerissen. Ob die Informationen, die damals auf den Bändern gespeichert waren, noch existieren? Bestimmt, alles wird ja so gründlich aufbewahrt. Falls mal jemand kommt. Mein Tee-Koch Bodo wohnt in einem sogenannten Schäferwagen.

Das ist ein einachsiger Anhänger, der nicht allzu schwer ist. Man kann ihn von Hand ziehen. Meist steht er in unserm Garten, Bodo darf natürlich rauskommen

Bodo ist von mir beim Apfelsinenklauen erwischt worden.

und mal winken oder Kaffee anbieten. Dafür, dass er bei uns auf das Grundstück darf, bekommt er keine Gage. Es ist also kein Witz, wenn ich vor Publikum immer sage, er wäre billig. Er ist Waffennarr. Manchmal überrascht er mich, mit einer Tarnung etwa, zum Beispiel stülpt er sich Sträucher über und versteckt sich am Abhang zur Kuhweide. Wenn ich dann fast geräuschlos, mit dem Rolls-Royce zum Beispiel, vorfahre, springt er meinen Wagen an und wir haben immer riesigen Spaß. Wenn er nämlich den Wagen berührt, muss er ihn komplett waschen und polieren. Talula hat was mit ihm, glaub ich manchmal.

Ja, sie zwinkern sich zu. Wenn ich die erwische, werde ich ungemütlich. Ich habe Bärenkräfte, ich habe schon mal aus Wut den Kübel eines Betonmischers mitsamt Inhalt aus seiner Drehvorrichtung gerissen und ausgekippt, weil unser Hund ein Häufchen auf den Kies gemacht hat und Talula darüber lachte. Während ich das hier aufschreibe, ist es zwölf Uhr geworden, und es erklingt die Deutschlandhymne.

Wenn sie mir als Jugendlicher mehr als verhasst war, weil ich damit immer in Verbindung brachte, dass wir in der Schule dieses Lied zu Beginn unseres Unterrichtes singen mussten, desto mehr denke ich jetzt, dass es eigentlich eine schöne Melodie ist. Sie ist nicht von mir komponiert. Aber warum kommt denn im Radio nach ein bischen Zusatzgedudel plötzlich Beethoven dazu mit »Freude schöner Götterfunken«? Jetzt Nachrichten. Opel. Immer dasselbe. Finanzkrise. Arbeitsplatzabbau. Verschärfung des Waffengesetzes, da haben wir es wieder. Französische Nationalversammlung, Vertrauensabstimmung, 329 zu 238 Stimmen, Zustimmung des Parlamentes, 1966 hatte sich Frankreich ja aus der militärischen Verteidigungsstruktur der Europäischen Gemeinschaft zurückgezogen.

Ach ja, jetzt weiß ich wieder, ich war damals elf Jahre alt und konnte de Gaulle gut zeichnen. Ich interessiere mich jetzt immer mehr für Dinge, die mich sonst nie interessiert haben. Vielleicht ist es die Langeweile in den Städten. Es ist wirklich furchtbar, alle Städte sehen gleich aus, immer diese Einkaufszentren und Fußgängerzonen. Alles ist irgendwie getrennt, nur in wenigen Städten ist eine Art Urbanität erhalten geblieben. Was haben die Leute davon, nur noch mit dem Auto einkaufen zu fahren in den außerhalb gebauten Gewerbegebieten, und in der City reiht sich ein Handyladen an den anderen. Ach, ich vergaß: Apotheken. Ich glaube, die Apotheken verdienen ganz gut, alle wollen Tabletten.

In der Stadt, in der ich seit über fünfzig Jahren zu Hause bin, leert sich nun die Innenstadt völlig, die Immobilienspekulanten haben alles fest im Griff. Ich denke, einige Zeit wird es aber noch dauern, bis sich endlich Protest aus den Reihen der Bürger regt, denn die Leute sind ja nicht mehr in der Gemeinschaft anzutreffen, die sind ja alle jetzt zu Hause. Die kennen sich ja nicht. Wo soll man auch hingehen? Vielleicht zu meinen Konzerten.

Talula hat einen Kuchen gebacken, zu Ehren Frank Zappas, der heute siebzig geworden wäre. Wir sind beide ausgesprochene Zappa-Fans. Auch wenn ich mir diese Musik nicht mehr anhören kann, sie ist mir zu hektisch und teilweise sehr aufgesetzt. Fast so schlimm wie Gentle Giant, auch eine Siebzigerjahre-Gruppe. Doch Zappa hat für viele junge Leute eine große Rolle gespielt, in der Musik wie auch überhaupt im Leben. Durch ihn habe auch ich den Weg in meine heutige Musik gefunden. Auch wenn mein größtes Vorbild als Pianist Thelonious Monk ist, habe ich doch zuerst Zappas Musik kennengelernt. Ich finde im Nachhinein, dass Zappa sicherlich auch von Monk profitiert hat. Zappa gefällt mir immer noch besser als zum Beispiel Bob Dylan, der auf eine bürgerliche Art ein Outlaw ist. Zappa hatte Humor.

Humor ist prägend für mich. Der Kuchen ist leider missraten, weil Talula den Hefeteig nicht gehen gelassen hat. Das Zeug bekommt man beim besten Willen nicht runter. Es schmeckt nur süß. Ein breiiger Klumpen, der Kuchen genannt werden will. Bah. Ich lese lieber ein Buch. Der Sowjetmensch von Mehnert. Stand bei meinen Eltern im Regal. Hab ich noch nie reingeguckt.

Talula hat ein Hexenhaus gebacken.

Will ich heute mal wagen. Nach ein paar Zeilen merke ich, scheiße. Ist scheiße, das Buch. Dann greife ich mir die Beschreibung eines deutschen Boxers in Wort und Bild. »Talula! Sollen wir uns noch einen Boxer holen!?«, schreie ich in den Keller. Sie hängt Wäsche auf. Sie hört mich nicht. Ich lese das Boxerbuch fast zu Ende, dann lege ich es weg, hab überhaupt nicht richtig gelesen, hab alles vergessen. Früher las ich ausschließlich Jerry Cotton. Das kann man auch lesen, ohne sich zuzuhören. Man kann regelrecht schlafen bei der Lektüre mancher Bücher. Es schellt. Wieder die Zeugen Jehovas.

Ich höre, wie der eine zu dem andern sagt: »Komm, wir gehen in die Küche, der Herr Schneider ist nett, der schmeißt uns nicht raus.« Ich begrüße die alten Herren, und sie geben mir die dünnen Billigdruckheftchen, die ich, als sie das Haus wieder verlassen, aus Respekt vor dem Alter nicht sofort wegschmeiße. Ich lese ein paar Tage später darin ein paar echt fundamentale Wahnsinnsklamotten. Mein Nachbar hat Husten, er kommt mit seiner Kutsche zu uns hochgefahren, ich verschreibe ihm ein paar Brustkaramellen. Ich bin jetzt Arzt. Ich schicke meinem Lektor Nikolaus ein paar Seiten, die Biografie sollte eigentlich schon längst fertig sein, aber ich bin faul.

Eine Zigarettenpause ist eine willkommene Abwechslung während der Tournee.

Heute Morgen bin ich schon um fünf Uhr raus aus den Federn. Die ersten Frühlingsstrahlen erhellten die Welt, die Felder wie weiß gestrichen, hoben sich vom blauen Himmel ab. An so einem schönen Tag hat man unendliche Energien, die sich aber dann um die Mittagszeit in eine schwere Müdigkeit verwandeln. Ich freute mich auf den Besuch meines Schachgegners. Er ist Russe und ein Genie. Ich habe ihn in Irland kennengelernt, letztes Jahr.

Bei einer Serie, an der ich als Spieler teilnahm. Schach ist ein so verrücktes Spiel, schon als ich es zum ersten Mal spielte, zog sich meine Intelligenz zu einem Flummiball zusammen und ich triumphierte über einen sehr starken Gegner. Man bescheinigte mir damals ungeheure Härte und Coolness. Ich habe den eisernen Willen, einen Gegner in eine für ihn ausweglose Situation zu ziehen, die er erst, wenn es zu spät ist, bemerkt. Iwan kam mit der Eisenbahn. Ich holte ihn vom Bahnhof ab. Wir plauderten in meinem Rolls-Royce, er rauchte Zigarre. Ich ziehe es vor, Zigaretten zu rauchen, doch ich schmauche sie nur, ohne zu inhalieren. Iwan konnte sehr schwierig sein, wenn es um Essen ging.

Ich lud ihn zum Essen bei einem mir bekannten Chinesen ein. Der Chinese kommt aus Taiwan. Dort kocht man etwas anders als in Zentralchina. Nicht so zerkocht kommt es einem vor. Doch Iwan konnte auch an dem besten Essen etwas Negatives finden. Diesmal war es die Fülle der Speise, es war ihm zu viel. Er aß nicht auf. Er ließ über die Hälfte stehen und wollte mir die Schuld geben daran, dass man ihm so viel aufgetischt hatte. Ich wäre wohl ein Begünstigter dieses Restaurants, weil ich so bekannt wäre. In Russland gäbe es diese Art der Bevorzugung nicht. Da sind alle gleich. Der Kommunismus ist eben besser. Und so weiter, ich höre da nie hin. Ich selber wollte früher auch Kommunist sein, doch in Deutschland waren die alle so akademisch.

Auch wenn das normale Arbeiter waren. Ich fand da

keinen Zugang. Und Humor wurde ganz, ganz klein geschrieben. Iwan spielte aber ungeheuer gut Schach. Als wir in meinem Wohnzimmer saßen, uns gegenüber, dazwischen das Schachbrett aus Marmor, entbrannte wie von selbst ein erbitterter Kampf um die Figuren. Keiner wollte klein beigeben. Das Spiel dauerte unendlich lange. Talula kochte uns Kaffee oder legte die CD um, von Jürgen von Manger. Iwan kannte den nicht, kein Wunder, Jürgen von Manger war ein Typ aus dem Ruhrgebiet und sprach natürlich Deutsch. Wenn man nicht so gut Deutsch kann, kann man das dann gar nicht verstehen. Iwan gab sich redliche Mühe, etwas zu kapieren, aber es gelang ihm überhaupt nicht. Und ich konnte es ihm auch beim besten Willen nicht erklären. So saßen wir da, ich lachte mich kaputt, und er war verbittert und ernst. Bis er endlich, endlich die verdammten Schachfiguren durch die Gegend schmiss und rumschrie: »Scheiße! Ich kann das Gequatsche nicht mehr hören! Ich hau ab! Du hast gewonnen!«

Sprach's und verschwand. Auf Nimmerwiedersehen. Mit dem Nachtzug über Dortmund nach Moskau. Dann umsteigen nach Nowrosibiersk. Eine unheimlich weite Reise mit dem Zug! Ich musste laut lachen, als ich ihn so wegstampfen sah wie ein beleidigtes Schulmädchen. Er hatte seine diamantenbesetzte Handtasche auf der Anrichte liegen lassen, sodass Talula eine Erinnerung an diesen Abend hatte. Die ersten Krokusse sprießen in den Parks. Doch die Kinderspielplätze sind noch wie ausgestorben, zu kalt. Als ich mit Franziska *(Name geändert)* rutschen will, weint sie, denn sie friert sofort mit dem Popo an der langen Eisenrutsche fest.

Die Schaukel ist kaputt, eine Kette ist gerissen, die Balken sind unten abgefault. Der Sandkasten ist mit Hundekot übersät. Eine Art Hamsterrad ist das Ein-

Der Kasperl kommt. Wir haben auf unserem Grundstück eine Bühne bauen lassen für den 3. Kindergeburtstag von Germaine *(Name und Alter geändert)*.

zigste, was funktioniert. Darin kann man laufen, aber wenn man zu schnell wird, kann man nicht mehr anhalten und man kann sich böse verletzen. Franziska passiert nichts, sie kann sehr gut Balance halten für eine anderthalbjährige. Dann wollen wir in den Zoo. Es beginnt zu nieseln. Die Tiere sind heute fast alle drinnen. Es ist anstrengend, durch den Zoo zu laufen. Franziska kann noch nicht so gut laufen, und wir kommen nicht weit. Am Affenkäfig lehnt eine Harke, der Gärtner hat Pause, wir sehen ihn da sitzen mit einem Butterbrot. Wir gehen ins Affenhaus rein, es stinkt, wir sind die einzigen Gäste, es ist schwülwarm und die Affen schauen uns mit trostlosen Augen an. Wie kleine Menschen, die jungen Orang-Utans.

Franziska zeigt auf einen Affen und sagt: »Da … da … da!« Wir gehen wieder raus. Ich kaufe an dem kleinen Büdchen Pommes mit Majo. Gebe ihr ein Pommes, sie verschluckt sich fast daran. Dann nehme ich sie auf den Arm und wir verlassen die Affen, um zu den Delfinen zu gelangen. Da ist um elf Uhr Vorstellung. Wir gehen nicht rein, es kostet zusätzlich Geld. Die Elefanten sind draußen, Franziska will dahin. Ich halte sie fest, am Bein, ehe sie über den Graben hüpfen kann. Der Graben ist zwei Meter breit und sehr tief. Als wir weitergehen, sehen wir noch die Seelöwen, die in ihren Becken immer hin und her schwimmen, in rasender Geschwindigkeit, dann die Wölfe. In käfigartigen Ausläufen. Ein schwarzer Wolf schaut uns an, er hat fast blaue Augen. Er sieht sehr schön aus. Franziska guckt woandershin.

Die Tauben haben es ihr angetan. Sie interessiert sich nicht für den großen Amur-Tiger, der direkt vor uns, nur von einem Wassergraben getrennt, seine Runden geht. Er hat einen majestätischen Gang und schaut immer nach links und rechts. Ich rufe ihn, will Franziska aufmuntern, da mal hinzusehen. Doch sie hat nur Augen und Ohren für ihre Tauben. Auf dem Rückweg zum Eingang des Zoos befasst sie sich noch eingehend mit einem Papierkorb, der randvoll mit leeren Pommes-Tüten ist. Als wir raus auf die Straße treten, werden wir von einem Lkw nass gespritzt, der in überhöhter Geschwindigkeit an uns vorbei durch eine

Ich als Kunstkenner

Pfütze rast. Auf dem Weg zum Auto schläft Franziska auf meinem rechten Arm ein. Ich habe einen Strafzettel, weil die Parkuhr abgelaufen ist.

Meine Uhr ist fertig. Ich hole sie ab, sie war undicht geworden, und das ist für einen Taucher gefährlich. Der Verkäufer will mit mir über eine neue Uhr reden, will mir eine empfehlen, ich lehne ab. Ich brauche keine zwei Uhren. Ich fühle mich belästigt. Die Videothek hat geöffnet, ich schaue nach ein paar Filmen von mir, sehe nach, ob welche im Umlauf sind. Sie sind, ich bin beruhigt. Wieder gebe ich beim Rausgehen Autogramme, hier ist es ganz ätzend. Das viele Unterschreiben hat aus meinem Namen einen Haufen unleserliches Gekritzel gemacht. Ich selbst kann meine Unterschrift nicht mehr lesen. Auch wegen meiner Altersweitsichtigkeit. Von Monat zu Monat werden meine Augen schwächer. Ich kann nicht mehr gut Auto fahren, bei Sonne sehe ich schwarze Flecken, vor allem, wenn ich weite Strecken fahre. Abends fahre ich nahezu blind. Sobald aber die Nacht hereingebrochen ist und alles schwarz ist, beginne ich zu leben.

Das liegt an meinem Beruf, Musik konnte ich früher nur im Dunkeln machen. Dann ist der Sound besser zu definieren. Man kann abends leiser spielen, es klingt irgendwie besser als tagsüber. Dagegen soll man morgens zum Zahnarzt gehen, weil dann die Schmerzempfindung geringer ist. Logisch! Ein Rotwein kann ruhig mehrere Tage oder sogar Wochen offen stehen, es schadet ihm nichts. Das Wasser, was bei uns aus der Leitung kommt, ist ziemlich schmutzig, deshalb haben wir einen Wasserfilter installieren lassen. Seitdem bekomme ich buchstäblich den Hals nicht voll von dem schönen leckeren Wasser, das jetzt bei uns aus dem zweiten Hahn am Spülstein fließt. Genau wie Quellwasser schmeckt es jetzt.

Ich bewege mich auf das Playback von Frank Sinatra, ein Riesenerfolg früher.

Es erinnert mich an Gebirgsbäche in den Alpen. Unser Sohn hat jetzt Abitur gemacht, wir sind sehr stolz. Er will Arzt werden. Schade, da kann ich nichts mit anfangen, ich bin immer nur gesund. Aber er kann dann vielen anderen Menschen helfen. Er wird Hautarzt. Er hat schon als kleines Kind immer die Haut vom Hähnchen mitgegessen. Sein erster Schlitten steht noch im Keller. Manchmal sitze ich vor dem Schlitten und denke an die Zeit, wo wir zusammen im Sauerland Schlitten gefahren sind. Nämlich nie. Der Schlitten ist zwar mal gekauft worden, aber nie ausprobiert. War nie der richtige Schnee. Und dann war der Junge zu groß, um mit seinem Vater Schlitten fahren zu wollen. Überhaupt, als Vater ist man seinen Kindern in einem bestimmten Alter peinlich. Vor allen Dingen so ein Vater, wie ich es bin. Katzeklo! Als Vater! Hoffentlich bekommt das keiner raus.

»Hoffentlich bekommt keiner raus, wer du bist!« Das war sein Kommentar, als er auf die Universität nach Wien ging. Seit wir in Baltimore unser neues Zuhause haben, komme ich nur zu Tourneen nach Deutschland. Die Amis wollen mich nicht. Ich bin zu riskant. Da darf man nämlich nicht versaute Wörter sagen, da wird im Fernsehen immer ein Piep drübergelegt. Auch live ist es verboten. Man bekommt schnell eine Anzeige wegen Körperverletzung und muss Millionen zahlen. Talula hat mal eine Anzeige wegen Erregung öffentlichen Ärgernisses bekommen, als sie eines ihrer Babys gestillt hat, auf einer Bank im Sommer vor einem Park, neben einem U-Bahn-Schacht. Zum Glück hatten wir den berühmtesten Anwalt Amerikas, James Mason. Freispruch.

Aber es hätte auch anders kommen können. Einer unserer drei Söhne ist Lagerarbeiter bei Ford in Detroit.

Er macht auch Musik. Weil ich sein Vater bin, wollen viele Musiker mit ihm Kontakt haben, mit ihm zusammen spielen, damit sie an meine Adresse kommen und mir dann auf den Senkel gehen, um mit mir aufzutreten. Doch Paul *(Name geändert)* ist tough. Er hat schon mal einem links und rechts eine vor den Latz gehauen. Nachher stellte es sich heraus, es war Eminem. Paul ging für drei Monate in den Bau, verlor die Greencard. Jetzt spielt er manchmal in einem Jazzclub an der Highschool. Unter falschem Namen.

Er nennt sich »Johnny de Ritt« *(Name geändert)*. Talula ist fuchsteufelswild geworden, als sie die Aufnahmen, die ich mit Madonna gemacht habe, gesehen hat. »Wie kannst du nur diese Frau küssen, und dann noch mit Zunge!«, schrie sie durch das ganze Haus, zum Glück wohnen die Nachbarn kilometerweit weg von uns. Ja, ich habe mit Madonna einen Videoclip gedreht und sie auch geküsst, aber für das Küssen wurde ein Mund-Double genommen, sodass Madonna nicht dabei sein musste. Die hat doch keine Zeit für so was. Außerdem, auch sie ist ja verheiratet, mit wem, weiß ich jetzt nicht auf Anhieb. Talula hat unsere Wohnung in Baltimore völlig verwüstet. Ich habe die Scheidung eingereicht. Aber mein Steuerberater hat mir abgeraten.

Also zog ich das Scheidungsgesuch wieder zurück. Talula war ganz froh darüber. Mit wem soll sie denn noch was anfangen können, ich habe sie ja total versaut. Allein das, was ich ihr beigebracht habe, nicht nur Schreiben und Lesen, auch Rechnen und Geschichte, aber auch viel im Bett. Sie würde auch zu viel aufgeben müssen, allem voran das Rumgeschreie und völlige Ausflippen wegen nichts. Ein anderer würde das nicht mitmachen können, auch von der Kondition her nicht. Ich kaufe ihr morgen ein Sträußchen Blumen, am besten so

Baltimore

Wegrandblumen, ach, die kann ich ja auch pflücken, das ist nicht nur billiger, sondern hat auch mehr Stil. Und eine Tafel Schokolade, davon bekommt sie einen halben Riegel.

Damit macht man jede Frau glücklich. Und nachmittags fahre ich mit ihr in die Stadt, und wir gehen am Schmuckgeschäft vorbei, wo sie sich etwas Schönes aussuchen kann. Ich habe schon mit der Inhaberin gesprochen, sie legt uns ein paar Weißgoldkettchen, Ringe und Uhren raus. Kostet natürlich was. Aber man muss als Mann manchmal in den Frieden investieren. Weitere Tipps gebe ich nicht.

Ich sehe mir ein Foto an, wo Jimmy Woode drauf ist. Wir haben damals einen Film zusammen gedreht, in dem wir Jazzmusik live vor laufender Kamera eingespielt haben. Das ist unheimlich schwer. Wenn man bedenkt, wie teuer das Filmmaterial ist und alles, was damit zusammenhängt, dann ist klar, dass so etwas niemand macht. Dass man sich verspielt, ist ein zu großes Risiko. Aber mit Jimmy und Pete ging das ganz gut. Man bemerkt es aber nur, wenn man vom Fach ist. Ich bin aber der Überzeugung, dass auch Menschen, die mit Musik sonst nichts am Kopf haben, irgendwie davon positiv beeinflusst werden. Die Musik wirkt wesentlich echter, es zieht einen auf besondere Art mit. Schade, dass

Jimmy und sein Bass

es Leute wie Jimmy kaum noch gibt. Man muss sie wie die Nadel im Heuhaufen suchen.

Oder man hat das Glück, dass man ihnen begegnet. Wie ich damals. Jimmy war ein wandelndes Buch mit Tausenden Geschichten über Musiker. Man konnte ihm stundenlang zuhören, wie er von Duke Ellington, Ben Webster, Stan Getz, Billie Holiday und so weiter erzählte. Und nie hatte man das Gefühl, dass er die, über die er sprach, irgendwie beneidete oder in Missgunst bringen wollte. Er hatte für jeden und jede genau den Respekt, der ihnen gebührte. Ich mag es nicht, seine Geschichten in meinem Buch zu erzählen, das wäre sein Ding. Aber vielleicht hat er ja heimlich irgendwo Notizen gemacht und die kommen irgendwann mal zutage. Ich trug, wenn ich mit Jimmy spielte, meistens meinen blauen Cordanzug und einen blauen Strohhut. Ein Foto davon hat er seiner Schwester geschickt, und der gefiel es so gut, dass sie oft davon sprach. Immer wenn ich eine bestimmte Straße von oben herunterfahre, sehe ich Jimmy, wie er mit seinem Kontrabass da entlangläuft, im Film wie im Leben. Dass dieser Film nicht bei den Berliner Festspielen gelaufen ist damals, wo doch das Motto der Festspiele »Musik im Film« lautete, ist mir bis heute nicht aufgegangen.

Aber man macht ja so einen Film auch nicht für ein Festivalprogramm, man macht ja so Filme für das Publikum. Ich trage mich mit dem Gedanken, Tarzan zu drehen. Aber ein Tarzan, der heute in dieser Welt des saturierten Einerlei leben muss, vielleicht sogar einer, der seinen Lebensunterhalt als Küchenhilfe im Hotel Adlon Berlin verdienen muss, eine besondere Verwandtschaft zu Tieren hat, vielleicht im Zoo wohnt. Oder am Fluss, mit Ratten, Fischen und Möwen.

Im Übekeller

Als ich nach einer ausgedehnten Tournee durch den Osten Deutschlands wieder nach Hause kam – wir wohnten damals wegen eines Wasserrohrbruchs in Baltimore mal wieder bei der Schwiegermutter in deren Wasserschloss, es war nachts – übersah ich, und das ist mir noch nie passiert, das Verkehrsschild, das einen auf den Wassergraben hinweist, und fuhr mit meinem wertvollen BMW M1, ein Prototyp, der nur ein einziges Mal gebaut wurde und der mir vom Leiter der Forschungsabteilung V, das V steht für Geschwindigkeit, seinerzeit geschenkt worden war, aus Dankbarkeit dafür, dass er zum ersten Mal nach seiner Bandscheibenoperation wieder lachen konnte, in den oben beschriebenen Graben. Totalschaden. Es war nicht zum Lachen. Doch Talula, die die Szene von ihrem Schminkzimmer aus gesehen hatte, lachte aus vollem Halse. Ich barst vor Wut. Ich riss das

Lenkrad aus seiner Verankerung und rannte Richtung Gesindehaus, da vorbei und die Außentreppe hoch zu ihren Gemächern. Na warte, ich krich dich! Talula spielte mit mir Verstecken oder so etwas, mir kam die Galle hoch. Da! Hinter einem Sims, da war sie doch gerade!

Unser Vorgarten in Baltimore

Nein, jetzt höre ich von unten Geräusche und hysterisches Gegacker. Eine halbe Stunde renne ich durchs ganze Haus hinter ihr her. Langsam verraucht meine Wut, ich bin einfach nur fertig. Außer Puste lasse ich mich im Wohnzimmer vor der Bibliothek auf den Flokati-Teppich fallen und strecke die Beine und Arme aus. Ich kann nicht mehr. Da kommt sie, sie weiß, dass ich mich nicht mehr wehren kann, und macht mit mir Muskelreiten, setzt sich auf meine Oberarme und geht mit dem Gewicht ihres Körpers immer hin und her. Ich schreie auf vor Schmerzen. Jetzt reicht es! Ich versuche, den Kamin zu erreichen, sie auf mir drauf. Endlich kann ich mit dem einen Arm nach innen in den Kamin greifen und meinen dort versteckten Colt herausfischen. Ich drohe ihr, sie umzublasen.

Sie haut mir eine runter, ich lasse die Waffe augen-

Nach dem Kampf mit Talula

blicklich fallen, sie nimmt sie und schießt in die Decke! Ich bin zu Tode erschrocken. Sie auch. Trotzdem schießt sie noch zwei Mal, diesmal in das Bücherregal. Aus dem Regal fällt »Der junge Werther« von Goethe oder Schiller. Sie zwingt mich mit vorgehaltener Waffe, aus dem Buch zu lesen. Laut. Mein Gott, hört denn dieser Wahnsinn niemals auf? Es gelingt mir schließlich, nachdem ich über vierzig Seiten gelesen habe, sie abzubuckeln. Dann drehe ich den Spieß um, ich schmeiße mich auf sie drauf. Plötzlich wird sie zärtlich.

Wie soll ich das verstehen? Erst so, dann so? Ich habe keine Lust mehr. Ich steige ab. Doch nachher überlege ich es mir noch einmal, und wir verbringen die schönste Nacht seit Langem zusammen. Ich lese ihr das ganze Buch vor, dann schläft sie ein. Ich geister durch das Haus, lasse sie schlafen. Auf dem Küchentisch liegt etwas. Ein Papier, DIN-A4-groß. Ich bin neugierig, es muss von Talula sein. Ich schaue mich um, ob ich auch wirklich allein bin. Dann gehe ich an den Tisch und nehme die Papiere auf. Ich beginne zu lesen, es handelt sich um ein Zeugnis. Ich bin sehr überrascht. Das Zeugnis ist überschrieben mit dem bürgerlichen Namen Talulas. Eine Vier, dann eine Drei, wieder eine Vier, mehrere Dreien, eine Zwei, dann eine Vier, mehr oder weniger ein mittelgutes Zeugnis, der Durchschnitt liegt so bei 3,5. Nein! Jetzt begreife ich es erst!

Die hat die Mittlere Reife nachgemacht! Meine Talula! Ich bin stolz auf sie. Morgen werde ich ihr etwas Schönes zum Anziehen kaufen. Deshalb war sie immer nachmittags ein paar Stunden »einkaufen«! Und ich hatte mir schon Sorgen gemacht, dass sie eventuell poppen wäre bei einem mir unbekannten Manne. Ja, aber so, nein, das finde ich toll!

In dem Alter noch einen Schulabschluss. Es ist zwar

kein Abitur, aber das würde auch gar nicht zu ihr passen. Am nächsten Morgen fotografiere ich sie, wie sie schläft. Für mich ist sie ja jetzt eine Frau Doktor. Ich hab ja gar keine Schulbildung. Na ja, die brauch ich auch nicht. Rechnen hab ich mir sowieso selbst beigebracht. Ich hoffe, dass Talula trotzdem bei mir bleibt, vielleicht denkt sie, mit dem Doofen, das geht nicht mehr. Wollen wir mal schauen. Ich bin ja gar nicht so doof. Ich besitze eine gewisse Bauernschläue, so sagte man wohl früher. Im Fernsehen ist wieder nur Mist. Ich probiere verschiedene Sender aus, alles Scheiße. Dann mache ich eben wieder aus und geh ins Bett.

Die Wasserspiele in meinem Garten sind ein Highlight für die Bevölkerung.

Am Morgen ist es noch sehr kalt, der Frühnebel liegt bei uns immer viel länger am Boden als in der Stadt. Trotzdem muss ich sehr früh aufstehen, damit ich Heu machen kann. Solange die Halme feucht sind, hängen sie ihre schweren Köpfe etwas schief, und man kann prima mit der Sense arbeiten, das Eigengewicht des Halmes eilt einem praktisch zu Hilfe, um sich selbst umzulegen. Schnitter! Und wieder ist ein langes Stück Wiese gekürzt. Ich mache es für die Kühe. Die Wiesen, auf denen sie nicht stehen, damit Gras nachwachsen kann, sind heute zu mähen. Dann passiert es: Als ich lang aushole, um mit der Sense, die ich eben noch mit einem Schleifstein schärfte, ein Quadrat Wiese zu mähen, rutsch ich mit der linken Hand von dem Holzgriff ab und die Sense haut mir mit großer Wucht in die Beine. Ich falle um.

Beide Füße sind abgetrennt. Ich muss trotzdem nach Hause laufen, mein Handy holen und die Feuerwehr anrufen. Schnell, schnell, das Blut pulsiert mächtig. Ich erreiche blutverschmiert das Haus und schleppe mich in die Küche, da, da ist das Telefon. »Feuerwehr?«, meldet sich einer. »Ja, hier Schneider, ich habe die Füße ab! Kommen Sie schnell!« Ich beschreibe noch, wo ich mich befinde, dann falle ich in Ohnmacht.

Als ich erwache, liege ich in einem weiß erleuchteten, sehr hellen Raum auf einer Pritsche. Das Erste, was ich tue, ist, an meinen Beinen runterzusehen, und ich sehe plötzlich doch Füße. Habe wohl nur geträumt, denke ich noch, da kommt ein Arzt mit einem Block herein und begrüßt mich knapp, fragt mich, wie es gehe. Ich sage, ich will raus hier, Sie können mich doch laufen lassen, da zeigt er auf meine Füße und sagt: »Die waren ab, Herr Schneider, Sie hatten Glück, dass man die Füße schnell gefunden hat. Hier, Sie müssen unterschreiben, damit Sie zu essen bekommen!« Er reicht mir den Block.

Ich schreibe meinen Namen auf. Dann sehe ich mir meine Füße genauer an. »Wieso sind die denn jetzt wieder ganz normal da dran am Bein?« Ich wundere mich sehr.

»Wir haben die Füße schnell gebracht bekommen. Und Sie haben Glück hoch zehn, Herr Schneider, ein

Storch war schon mit einem der Füße auf dem Weg in sein Nest, konnte aber abgeschossen werden. Da hätte sonst einer den langen Kamin auf der alten Zeche hochkrabbeln müssen, ich weiß nicht, ob dann der Fuß noch rechtzeitig im OP gewesen wäre. Aber jetzt ist ja alles gut. Ich habe Sie operiert. Sie sind allerdings kein Privatpatient, das hätte ich ja gar nicht gedacht, Sie sind doch so berühmt!«

»Jaa, Köpfchen! Ich sorge vor! So bin ich schneller wieder aus dem Krankenhaus raus!«

»Ja, aber Sie haben eigentlich gar keine Berechtigung, ein Einzelzimmer zu bekommen oder Chefarztbehandlung. Nun haben Sie aber das Glück, dass ich Fan von Ihnen bin, hätte heute Doktor Kreplinsky Dienst gehabt, wäre es Ihnen schlecht ergangen. Aber bedanken Sie sich bei Ihrer Frau, die hat Sie gefunden. Gute Besserung.« Ich sehe nach links, tatsächlich. Talula sitzt schlafend auf dem Eisenstuhl neben dem Bett und hält ein Deutschbuch in der Hand.

Vor Rührung kommt mir eine Träne aus dem Auge. Ja, auch ein noch so harter Kerl wie ich muss das Zeug haben, auch mal weinen zu können.

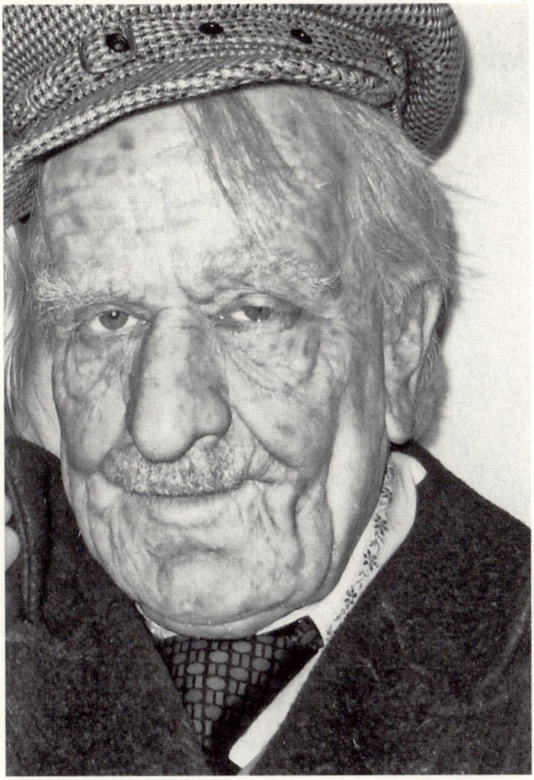

Ich habe endgültig aufgehört zu rauchen und zu trinken. Es geht mir prima.

Weitere Titel von Helge Schneider bei Kiepenheuer & Witsch

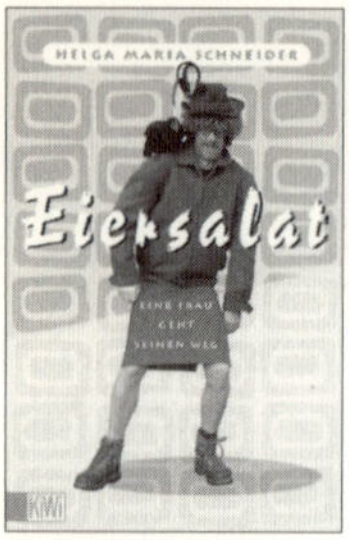

Helga Maria Schneider
Eiersalat
Eine Frau geht seinen
Weg
KiWi 534

Zieh dich aus,
du alte Hippe
Kriminalroman
Mit 16 Kohlezeichnungen
vom Autor
KiWi 355

Das scharlachrote
Kampfhuhn
Kommissar Schneiders
letzter Fall
Mit 11 mit Kuli gezeich-
neten Zeichnungen
KiWi 391

Der Mörder mit der
Strumpfhose!
Kommissar Schneider
wird zum Elch
Mit 8 mit Kuli gezeich-
neten Zeichnungen
KiWi 415

Der Scheich mit der
Hundehaarallergie
Kommissar Schneider
flippt extrem aus
KiWi 624

Aprikose, Banane, Erdbeer
Kommissar Schneider
und die Satanskralle von
Singapur
Mit zahlreichen
Zeichnungen des Autors
KiWi 818

Guten Tach.
Auf Wiedersehn.
Autobiographie, Teil I
Mit zahlreichen
Abbildungen
KiWi 279

Arschfahl klebte der Mond am Fenster ...
Die Kommissar Schneider Romane 1-4
KiWi 848

Globus Dei
Vom Nordpol bis Patagonien
Ein Expeditionsroman
Mit zahlreichen Abbildungen
KiWi 865

Die Memoiren des Rodriguez Faszanatas
Bekenntnisse eines Heiratsschwindlers
KiWi 968

Eine Liebe im Sechsachteltakt
Der abgeschlossene Schicksalsroman von Robert Fork
KiWi 1030

www.kiwi-verlag.de KiWi PAPERBACK